DIANDONGQICHE WEIXIU
KUAISU RUMEN YU TIGAO

电动汽车维修
快速入门 与 提高

于海东 主 编
凌凯汽车技术编写组 组织编写

彩色版

化学工业出版社
·北京·

图书在版编目（CIP）数据

电动汽车维修快速入门与提高 / 于海东主编；凌凯汽车技术编写组组织编写 . —北京：化学工业出版社，2018.10
ISBN 978-7-122-32811-3

Ⅰ . ①电… Ⅱ . ①于…②凌… Ⅲ . ①电动汽车 - 车辆修理 Ⅳ . ① U469.720.7

中国版本图书馆 CIP 数据核字（2018）第 182436 号

责任编辑：周　红　　　　　　　　　　文字编辑：张燕文
责任校对：王鹏飞　　　　　　　　　　装帧设计：王晓宇

出版发行：化学工业出版社（北京市东城区青年湖南街13号　邮政编码100011）
印　　装：中煤（北京）印务有限公司
710mm×1000mm　1/16　印张15　字数285千字　2019年1月北京第1版第1次印刷

购书咨询：010-64518888　　　　　　售后服务：010-64518899
网　　址：http://www.cip.com.cn
凡购买本书，如有缺损质量问题，本社销售中心负责调换。

定　　价：79.00元　　　　　　　　　　　　　　　版权所有　违者必究

国际新能源署（IEA）于2018年5月30日发布了《2018全球电动汽车展望》报告，对电动汽车行业的未来发展趋势做出了一些预测及设想。随着电池成本的下降，充电配套基础设施的完善，全球电动汽车市场不断突破历史，创造新高。我国电动汽车行业在国家新能源政策及市场的双重支持下，经过十余年的飞速发展，也形成了从上游原材料供应，到中游动力电池、整车控制器、整车设计制造，再到下游充电设施基础建设等一套完整的产业链。在这样的实力背景下，我国已经成为全球最大的电动汽车市场。

目前国内电动汽车市场呈现出一片繁荣的景象，北汽、比亚迪、吉利、长安、江淮等一批车企推出了各自的电动汽车。电动汽车作为未来发展趋势，尽管目前还有诸多不足，如续驶里程短、充电时间长、充电站相对较少等问题，但作为汽车后市场的从业人员必须尽快了解、掌握电动汽车的基本构造与维修方法。

本书先以彩色高清大图形式详解目前主流电动汽车各系统基本组成及简单原理；再对各系统常见维修要点进行图解，图片重点展示维修、更换操作要点，此部分对相关图片进行合理处理，拆装更换要点更加突出，使读者能更清晰准确地定位目标；最后精选了各系统常见故障的诊断和排除方法。力争做到结构原理、拆装更换、故障排除有机结合，三位一体。

本书选择的车型均为目前各品牌常见新能源车型。高端车型方面有宝马530Le插电混动、宝马X1插电混动、宝马i8/i3纯电动；中端车型选择普锐斯混动、雅阁混动、凯美瑞混动等；常见国产车型选择北汽EV/EU系列、比亚迪e5/e6、吉利EV300（国赛车型）、知豆、奇瑞新能源、长安新能源等。最后的维修及常见故障诊断排除部分重点选取更为普遍、更容易接触到的常见国产新能源车型。这样将高中低档新能源车型结合在一起，高端车型可提高整书的观赏性，国产常见新能源汽车维修部分又可体现维修技术的可操作性。

为了更好地展示汽车基础知识，我们在微信公众账号上上传了汽车原理动画视频，读者在微信公众账号中搜索"凌凯汽车技术"并关注，在公众账号页面点击"汽车技术"，进入相应模块后，点击"相关视频"即可在线观看相关部分的动画视频。

本书可供汽车维修从业人员学习电动汽车结构及维修知识使用，也可作为各类汽车院校新能源专业教学参考，还适合对电动汽车感兴趣的汽车爱好者阅读。

本书由凌凯汽车技术组织编写，于海东主编。参加编写的还有邓家明、廖苏旦、罗文添、邓晓蓉、陈海波、刘青山、杨廷银、王世根、张捷辉、谭强、谭敦才、李杰、于梦莎、邓冬梅、廖锦胜、李颖欣、李娟、曾伟、黄峰、何伯中、李德峰、杨莉、李凡。

由于我们水平有限，书中难免有不当之处，敬请广大读者批评指正。

编　者

目录 / CONTENTS

第1章 电动汽车基础 ………… 1

1.1 电动汽车分类及基本组成 … 2
　1.1.1 电动汽车分类 ……… 2
　1.1.2 电动汽车基本组成 …… 3

1.2 电动汽车高压安全与防护 … 8
　1.2.1 高压电 ……………… 8
　1.2.2 电动汽车中的高压标识 … 9
　1.2.3 电动汽车高压电断开
　　　　方法 ……………… 10

1.3 电动汽车常用维修工具 … 14
　1.3.1 防护与绝缘工具 …… 14
　1.3.2 绝缘工具的检查 …… 15

第2章 电动汽车动力电池 ……… 21

2.1 电动汽车动力电池及其
　　分类 ………………… 22
　2.1.1 电池 ………………… 22
　2.1.2 动力电池 …………… 23
　2.1.3 动力电池分类 ……… 23

2.2 常见电动汽车动力电池 … 24
　2.2.1 丰田混合动力车型 …… 24
　2.2.2 比亚迪e6 …………… 25
　2.2.3 北汽EV200 ………… 26
　2.2.4 荣威E50 …………… 27
　2.2.5 广汽新能源AG ……… 27
　2.2.6 特斯拉S …………… 28
　2.2.7 宝马i8/i3 …………… 28
　2.2.8 吉利帝豪EV300 ……… 29
　2.2.9 知豆城市微行电动车 … 30

2.3 动力电池控制器 ………… 31

2.3.1 电池控制器作用及
　　　原理 ……………… 31
2.3.2 常见车型动力电池
　　　控制器 …………… 33

2.4 动力电池的更换 ………… 38
　2.4.1 比亚迪e6动力电池 … 38
　2.4.2 吉利帝豪EV300动力
　　　　电池 ……………… 45
　2.4.3 北汽EU260快换动力
　　　　电池 ……………… 46

2.5 动力电池系统常见故障诊断与
　　排除 ………………… 51
　2.5.1 动力电池单体故障 …… 51
　2.5.2 动力电池短路故障 …… 52
　2.5.3 动力电池温度异常故障 … 53
　2.5.4 动力电池绝缘、充电
　　　　故障 ……………… 55

第3章 高压配电系统 ………… 57

3.1 高压配电系统作用、组成及
　　原理 ………………… 58

3.2 常见电动汽车高压配电
　　系统 ………………… 61
　3.2.1 吉利帝豪EV300 ……… 61
　3.2.2 比亚迪e6、e5 ……… 62
　3.2.3 北汽新能源 ………… 64
　3.2.4 荣威E50 …………… 66
　3.2.5 知豆微行电动汽车 …… 68
　3.2.6 长安逸动EV ………… 69
　3.2.7 奇瑞QQ EV ………… 69
　3.2.8 宝马新能源 ………… 70

3.3 高压配电系统的更换 …… 71

3.3.1 分线盒 ·············· 71
3.3.2 驱动电机三相线 ········· 73
3.3.3 直流母线 ·············· 74
3.3.4 比亚迪 e6 高压配电箱 ·· 75

**3.4 高压配电系统常见故障诊断与
排除 ··············79**
3.4.1 高压配电系统故障
案例 ·············· 79
3.4.2 高压配电系统常见
故障 ·············· 80

第 4 章 驱动系统 ·········· 87

4.1 电动汽车驱动系统概述····88
4.1.1 混合动力汽车驱动
系统 ·············· 88
4.1.2 电动汽车驱动系统 ···· 90

4.2 常见电动汽车驱动电机 ···91

4.3 驱动电机控制器 ········98
4.3.1 电机控制器作用及组成··· 98
4.3.2 常见电动汽车电机控
制器 ·············· 99

**4.4 电动车单速变速器（减速器）
··············108**

**4.5 驱动系统维修要点及常见故
障诊断与排除 ········111**
4.5.1 驱动系统维修要点 ···· 111
4.5.2 驱动系统常见故障诊断与
排除 ·············· 124

第 5 章 冷却系统 ········ 131

5.1 冷却系统概述 ········132

5.2 动力电池冷却系统 ·······133
5.2.1 动力电池冷却系统的

作用 ·············· 133
5.2.2 动力电池冷却形式 ····· 133

**5.3 驱动电机、控制器冷却
系统 ··············141**
5.3.1 电机冷却系统分类 ····· 142
5.3.2 常见车型电机冷却
系统 ·············· 142

5.4 冷却系统维修要点 ····· 152
5.4.1 比亚迪 e6 冷却系统冷却
液的排放及加注 ···· 152
5.4.2 比亚迪 e6 驱动电机冷却
水泵的更换 ········· 153
5.4.3 比亚迪 e6 驱动电机冷却
液温度传感器的更换··· 154
5.4.4 吉利帝豪 EV300 高压组件
冷却水泵的更换 ····· 155
5.4.5 吉利帝豪 EV300 散热器出
水管的更换 ········· 156
5.4.6 吉利帝豪 EV300 散热器出
水管的更换 ········· 157

**5.5 冷却系统常见故障诊断与
排除 ··············158**
5.5.1 冷却系统故障征兆表··· 158
5.5.2 冷却水泵故障 ········· 159
5.5.3 电机过温故障 ········· 160
5.5.4 MCU 控制器过温
故障 ·············· 161
5.5.5 故障案例 ············ 161

第 6 章 电动汽车充电系统 ········ 163

6.1 充电系统概述 ········ 164

6.2 常见车型充电系统 ······· 167
6.2.1 比亚迪 e6 ··········· 167
6.2.2 吉利帝豪 EV300 ······ 171

6.3 充电系统维修要点 ······· 172
6.3.1 比亚迪 e6 充电接口···· 172
6.3.2 吉利帝豪 EV300 充电

系统 ···················· 174

6.4 充电系统故障诊断与
排除 ················ 180
6.4.1 充电枪插入感应（CC）
信号故障 ··········· 180
6.4.2 充电导通（CP）信号
故障 ·············· 181
6.4.3 高压互锁故障 ········ 183
6.4.4 高压系统漏电故障 ······ 183

第7章 电动汽车电气系统 ········ 187

7.1 电动汽车电路图识读 ······ 188
7.1.1 电动汽车电路图识读一般
方法 ·············· 188
7.1.2 吉利帝豪 EV300 电路图
识读 ·············· 191

7.2 电动汽车空调系统 ········ 197

7.3 电动汽车转向系统 ········ 201

7.4 电动汽车制动系统 ········ 205

第8章 电动汽车综合故障诊断与
排除 ·················· 209

8.1 供电系统 ············· 210

8.2 动力电池系统 ·········· 212

8.3 MCU 系统 ············· 216

8.4 驱动电机故障 ·········· 221

8.5 其他故障 ············· 227

附录 常见名词术语 ··············· 231

第 1 章

电动汽车基础

Chapter 1

1.1 电动汽车分类及基本组成

1.2 电动汽车高压安全与防护

1.3 电动汽车常用维修工具

1.1 电动汽车分类及基本组成

1.1.1 电动汽车分类

我国新能源汽车（New Energy Vehicles）正式出现是在工业和信息化部（工产业〔2009〕第44号）2009年6月17日公告发布的《新能源汽车生产企业及产品准入管理规则》（2009年7月1日正式实施）上。在此规则中明确指出："新能源汽车是指采用非常规的车用燃料作为动力来源（或使用常规的车用燃料、采用新型车载动力装置），综合车辆的动力控制和驱动方面的先进技术，形成的技术原理先进、具有新技术、新结构的汽车。新能源汽车包括混合动力汽车、纯电动汽车（BEV，包括太阳能汽车）、燃料电池电动汽车（FCEV）、氢发动机汽车、其他新能源（如高效储能器、二甲醚）汽车等各类别产品。"

非常规的车用燃料指除汽油、柴油、天然气（NG）、液化石油气（LPG）、乙醇汽油（EG）、甲醇、二甲醚之外的燃料。

根据2012年发布的《节能与新能源汽车产业发展规划（2012—2020年）》主要政策，在2012年沿用新能源汽车名词，分类包括插电式混合动力汽车、纯电动汽车和燃料电池汽车，如图1-1-1所示。主要特征是采用新型动力系统，完全或主要依靠新型能源驱动。

本书中电动汽车包含纯电动汽车和插电式混合动力汽车。

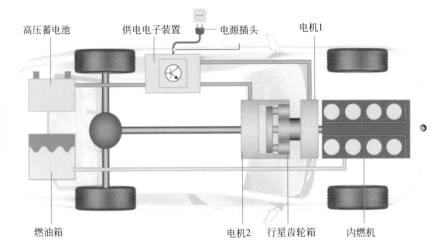

高压蓄电池　供电电子装置　电源插头　电机1

燃油箱　电机2　行星齿轮箱　内燃机

(a) 插电式混合动力汽车

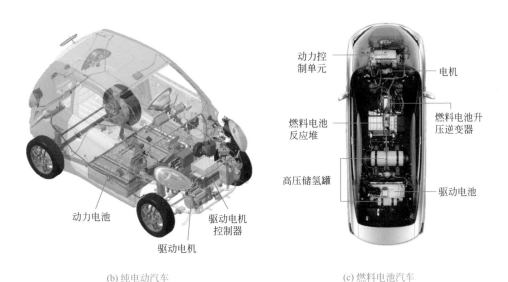

动力电池　驱动电机控制器　驱动电机

(b) 纯电动汽车

动力控制单元　电机　燃料电池反应堆　燃料电池升压逆变器　高压储氢罐　驱动电池

(c) 燃料电池汽车

图 1-1-1　新能源汽车分类

1.1.2　电动汽车基本组成

目前大部分电动汽车是在传统汽车基础上进行延伸形成的，结构上与传统汽车最大的区别在于动力系统，增加了动力电池、驱动电机、电控系统等组件，如图 1-1-2 所示。随着电动汽车产业链的逐渐成熟，出现越来越多的针对电动汽车全新平台开发车型，如特斯拉、宝马 i3、日产聆风等。

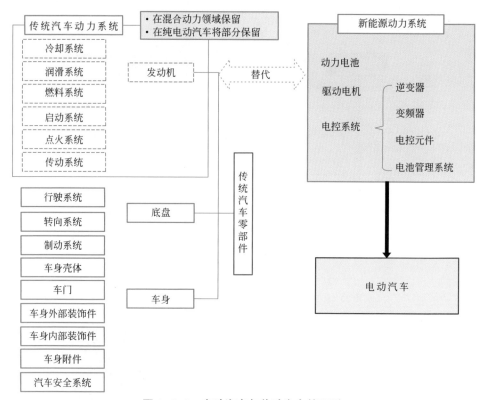

图 1-1-2　电动汽车与传动汽车的区别

1.1.2.1　电动汽车"大三电"

电动汽车"大三电"包括驱动电机、动力电池和电控系统。

（1）驱动电机

驱动电机是电动汽车"大三电"核心部件之一，是车辆行驶的主要执行机构，其特性决定了车辆的主要性能指标，直接影响车辆动力性、经济性和舒适性。电动汽车电机一般采用三相交流同步电机。宝马 X1 PHEV 插电式混动车型驱动电机安装位置如图 1-1-3 所示。

（2）动力电池

在电动汽车中为车辆提供动力源的电池称为动力电池。动力电池的作用是接收和储存由车载充电机、发电机、制动能量回收装置或外置充电装置提供的高压直流电，并且为电动汽车提供高压直流电。动力电池是纯电动汽车的核心部件，也是电动汽车上高价格的部件之一。动力电池的性能好坏直接决定了车辆的实际价值。目前电动汽车的动力电池普遍采用锂离子电池。宝马 X1 PHEV 插电式混动车型采用锂离子动力电池，安装在车辆底部，如图 1-1-4 所示。动力电池由 154 节电压为 3.6V 的单体锂离子电池组成，动力电池组的额定电压为 277.2V。

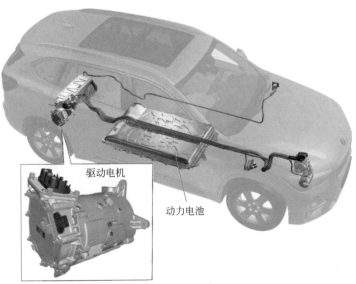

图 1-1-3　宝马 X1 PHEV 驱动电机安装位置

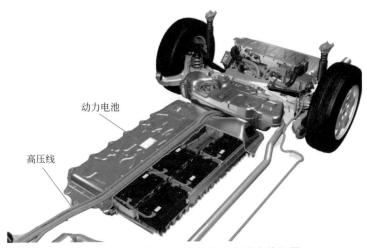

图 1-1-4　宝马 X1 PHEV 动力电池安装位置

（3）电控系统

电控系统是新能源汽车的核心，负责在整车行驶过程中接收来自驾驶员的各项操作指令，诊断分析整车及部件状态，综合判断，向各个部件控制器发送控制指令，使整车按照驾驶员预期安全行驶。电控系统结构图如图 1-1-5 所示。

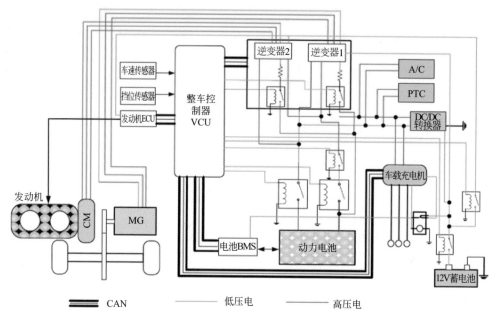

图 1-1-5　电控系统结构图

电控系统主要功能：工况识别，整车能量管理，制动能量回收控制，电机转矩控制，电动辅助部件控制（电动助力转向、电动空调、电动暖风、电动真空泵），故障诊断，系统安全监控等。

1.1.2.2　电动汽车其他系统构造

（1）电动汽车变速器

电动汽车变速器一般采用固定齿轮齿数比的单速变速器，车辆的加减速通过调节驱动电机的转速实现。宝马 X1 PHEV 插电式混动车型后桥采用单速变速器与电机配合使用，变速器通过螺栓连接在电机上，并且附于后桥支撑上。12.5：1 的固定齿轮齿数比通过壳式离合器（电机离合器）将电机的速度和转矩传送至后驱动轮，在能量回收过程中，还会回传至电机。电动汽车单速变速器如图 1-1-6 所示。

（2）电动空调系统

电动汽车空调系统和传统燃油汽车空调系统工作原理相同，只是空调压缩机的驱动方式以及暖风产生方式有所不同。电动汽车采用高压电动空调压缩机，由动力电池驱动。暖风通常采用电加热方式。电加热方式有两种：一种是通过加热冷却液，再经过循环为暖水箱提供热量；另一种是直接加热经过蒸发箱的空气以提供暖风。电动空调压缩机和 PTC（Positive Temperature Coefficient 的缩写，意思是正的温度系数，但在本书中表示空调的暖风制暖温控系统）加热器结构如图 1-1-7 所示。

图 1-1-6　电动汽车单速变速器

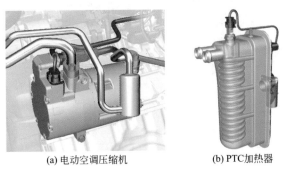

(a) 电动空调压缩机　　　　　　(b) PTC加热器

图 1-1-7　电动空调压缩机和 PTC 加热器

（3）电动助力转向系统

传统燃油汽车转向助力泵由发动机驱动，而电动汽车没有发动机或发动机是根据需要才启动的，若转向助力还是由发动机驱动时，一旦发动机停止工作，转向系统就将失去助力，从而造成很大的安全隐患，因此电动汽车转向系统普遍采用电助力转向。电动助力转向系统结构如图 1-1-8 所示。

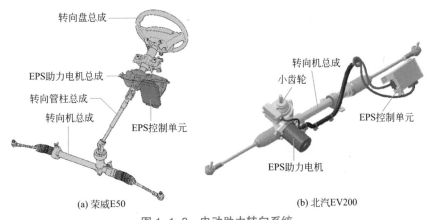

(a) 荣威E50　　　　　　　　　(b) 北汽EV200

图 1-1-8　电动助力转向系统

1.2 电动汽车高压安全与防护

1.2.1 高压电

（1）基本概念

依据国家标准《电动汽车安全要求第3部分：人员触电防护》（GB/T 18384.3—2015）中人员触电防护要求，根据对人体产生的伤害和危险程度不同，在电动汽车中，将电压按照类型和数值分为两个级别，见表1-2-1。

表 1-2-1　电压级别

电压级别	工作电压 /V	
	DC（直流）	50 ～ 150Hz AC（交流）
A	$0 < U \leqslant 60$	$0 < U \leqslant 25$
B	$60 < U \leqslant 1000$	$25 < U \leqslant 660$

① A级：较为安全的电压等级。直流电小于或等于60V；交流电（50～150Hz）低于25V。在此电压范围内的维护人员不需要采取特殊的放电保护。

② B级：对人体会产生伤害，被认为是高电压。在该电压下必须采取必要的防护设备对维护人员进行保护。

（2）特征

在电动汽车中，低压系统通常指的就是 12V 电源系统的电气线路，而高压系统主要指的是动力电池及相关线路。电动汽车的高压系统具有如下特点。

① 高压系统的电压一般设计都在 200V 以上。例如大多数的纯电动汽车或混合动力汽车的动力电池电压都在 280V 左右，如图 1-2-1 所示。

图 1-2-1　特斯拉 MODULE S 动力电池（总电压 400V）

② 高压电存在的形式既有直流，也有交流。包括动力电池的直流电、充电时 220V 电网交流电，以及电机工作时的三相交流电。

③ 高压系统对绝缘的要求更高，大多数传统汽车上设计的绝缘材料，当电压超过 200V 时可能就变成了导体，因此在电动汽车上的绝缘材料需要具有更高的绝缘性能。

④ 电压为 12V 时，正、负极之间的距离很近才会有击穿空气的可能，但当电压升高到 200V 以上时，正、负极之间距离很大时就会击穿空气而导电。

1.2.2　电动汽车中的高压标识

为防止意外触及高压电，电动汽车对高压部件均采用特殊的标识或颜色，对维修人员或车主给予警示。电动汽车通常采用两种形式进行高压标识，包括高压警示标识和高压警示颜色。

（1）高压警示标识

每辆电动汽车的高压组件壳体上都带有一个标识，售后服务人员或车主均可通过标识直观看出高压电可能带来的危险，所用警示牌基于国际标准危险电压警告标识。

如图 1-2-2 所示，高压警示标识采用黄色底色，或红色底色，图形上布置有高压触电国家标准符号。

图 1-2-2　高压警示标识

（2）高压警示颜色

由于高压导线可能有几米长，因此在一处或两处通过警示牌标识意义不大。售后服务人员可能会忽视这些标牌。因此用橙色警示颜色标出所有高压导线，高压导线的某些插接器以及维修开关也采用橙色设计，如图 1-2-3 所示。

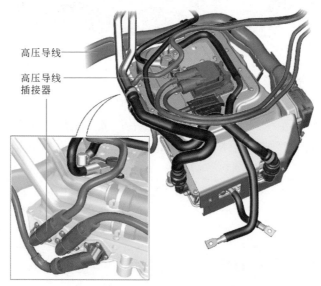

高压导线

高压导线
插接器

图 1-2-3　橙色高压导线和插接器

1.2.3　电动汽车高压电断开方法

电动汽车动力电池单元存在高压电，日常检修和维护时需要将高压电断开，因此电动汽车上设计了手动维修开关，手动维修开关连接动力电池内部中间位置，如图 1-2-4 所示。断开手动维修开关可断开动力电池内部串联结构，从而断开高压电输出。比亚迪 E5、E6 和吉利帝豪 EV300、荣威 E50 等车型手动维修开关装在动力电池总成中间表面位置，打开驾驶室内储物盒可操作维修开关。

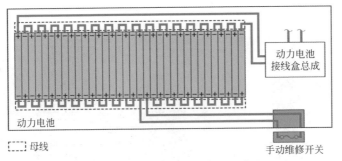

图 1-2-4　手动维修开关连接示意图

（1）比亚迪e6、e5手动维修开关的断开

① 打开车辆驾驶室内储物盒，并取出内部物品，如图 1-2-5 所示。

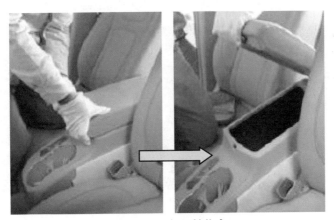

图 1-2-5　打开储物盒

② 取出储物盒底部盖板，如图 1-2-6 所示。

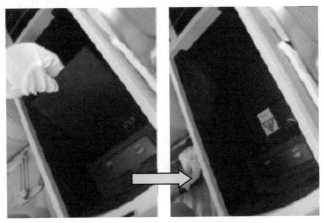

图 1-2-6　取出底部盖板

③如图 1-2-7 所示，使用十字旋具将盖板螺钉（4 个）拧下，并掀开盖板。

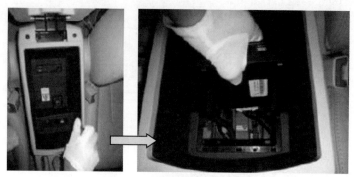

图 1-2-7　拆卸安装盖板螺钉

④取出维修开关上盖板，如图 1-2-8 所示。

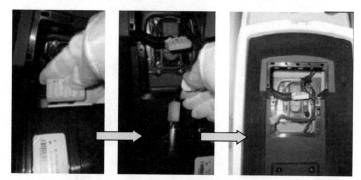

图 1-2-8　取出维修开关上盖板

⑤拉动维修开关手柄呈竖直状态，向上提拉，取出维修开关，如图 1-2-9 所示。

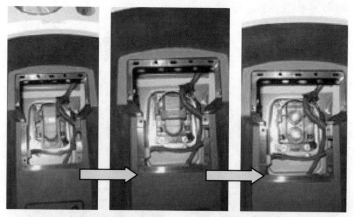

图 1-2-9　取出维修开关

⑥使用电工绝缘胶布封住维修开关插接器母端，如图 1-2-10 所示。

图 1-2-10　使用电工绝缘胶布封住插接器母端

（2）吉利帝豪手动维修开关的断开

① 打开前机舱盖，断开蓄电池负极连接线

② 在驾驶室内打开主、副驾驶座椅之间的扶手箱盖板，如图 1-2-11 所示

③ 如图 1-2-12 所示拆卸扶手箱底部盖板，盖板下即为手动维修开关。

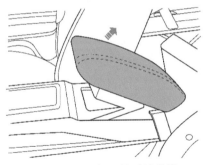

图 1-2-11　打开扶手箱盖板

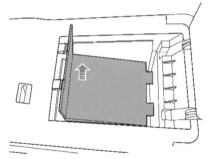

图 1-2 -12　拆卸扶手箱底部盖板

④ 如图 1-2-13 所示，拇指按住维修开关把手卡扣，其余手指握住把手，当把手由水平位置到垂直位置时，向上垂直拔出维修开关。

⑤ 使用电工绝缘胶布封住插接器母端，防止异物落入维修插座，造成维修开关短路。最后关闭扶手箱盖板，如图 1-2-14 所示。

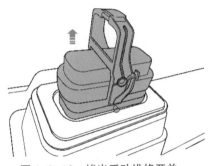

图 1-2-13　拔出手动维修开关

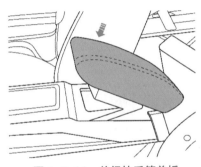

图 1-2-14　关闭扶手箱盖板

1.3 电动汽车常用维修工具

1.3.1 防护与绝缘工具

高压安全操作必备的防护与绝缘工具见表 1-3-1。

表 1-3-1 高压安全操作必备的防护与绝缘工具

工具	说　明
	绝缘手套（绝缘等级为 1000V/300A 以上） ●拆除及安装高压部件使用
	皮手套 ●拆除及安装高压部件使用（保持绝缘手套）
	绝缘鞋 ●拆除及安装高压部件使用

续表

工具	说　明
	防护眼镜 ● 拆除及安装高压部件使用
	绝缘帽 ● 拆除及安装高压部件使用
	绝缘表 ● 测试高压部件绝缘阻值
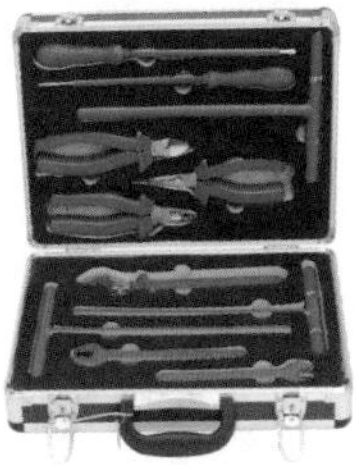	绝缘工具 ● 拆除及安装高压部件使用

1.3.2　绝缘工具的检查

1.3.2.1　绝缘工具的认识

　　电动汽车存在高压电，因此在对高压系统部件进行维修时必须使用绝缘工具，如图 1-3-1 所示。绝缘工具是采用绝缘材料进行加工并适用于电气系统拆装等操作的工具。电动汽车涉及高压部分零件的拆装必须使用绝缘工具，且绝缘工具必须装有耐压 1000V 以上的绝缘柄。

绝缘工具的使用方法与普通工具相同，但是有以下特别需要的注意事项。

① 应有专门的工具室存放，室内应通风良好、清洁、干燥。

② 如发现绝缘工具损伤或受潮，应及时进行检修和干燥处理，试验合格后方可使用。

③ 绝缘工具必须按规定定期进行绝缘性能的试验，不符合试验要求的禁止使用。

1.3.2.2　绝缘手套的检查

图 1-3-1　绝缘工具

绝缘手套使用橡胶、乳胶、塑料等材料制成，具有放电、防水等功能。高压绝缘手套用于高电压下作业，适用于 500 ～ 36000V 的工作电压范围。在佩戴绝缘手套之前应先检查其是否泄漏。检查方法如下。

在使用绝缘手套前按照以下步骤确认绝缘手套无裂纹、磨损以及其他损伤。推荐检查流程如图 1-3-2 所示。

① 侧位放置手套。

② 卷起手套边缘，然后松开 2 ～ 3 次。

③ 折叠一半开口去封住手套。

④ 确认无空气泄漏。

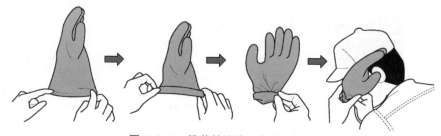

图 1-3-2　推荐的绝缘手套检查流程

也可使用向绝缘手套吹气的方法检查是否磨损和泄漏，如图 1-3-3 所示。

图 1-3-3　吹气法检查绝缘手套

1.3.2.3 数字电流钳的电流测量

在电动汽车维修与诊断时，经常会需要测量导线中的电流。由于驱动系统的导线（如逆变器与电机之间）存在较大的交变电流，需要使用钳型电流表进行间接测量。

钳形电流表工作部分主要由电流表和穿心式电流互感器组成。穿心式电流互感器铁芯制成活动开口，且成钳形，故名钳形电流表。钳形电流表是一种不需要断开电路就可以直接测量电路交流电流的便携式仪表。

在测量电流时，可按以下步骤进行。

① 估算电流大小，选择正确挡位与电流类型。例如，如果需要测量三相电机的一相电流，选择交流电流挡，如图 1-3-4 所示。

② 打开电流钳，将被测量线路放入电流钳口中。

注意：测量时电流钳应该保持钳口闭合，如图 1-3-5 所示，否则将测量出不正确的电流。

图 1-3-4 挡位选择

图 1-3-5 钳口闭合测试

③ 启动被测量装置，读取电流值。

④ 如需测量一个变化的电流，应在上步的基础上按下 "MAX" 键后再启动电流钳（或根据使用说明操作）。

1.3.2.4 线束绝缘性的检查

电动汽车的运行工况非常复杂，在运行过程中难免会出现部件和导线之间的摩擦、碰撞、挤压等，导致高压电路与车辆之间的绝缘性能下降，电源正、负极通过绝缘层和底盘构成漏电回路，并可能造成电气火灾。因此高压电路对车辆底盘的绝缘性是电动汽车的技术关键。在进行电动汽车检查和维护时使用绝缘测试

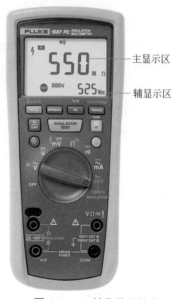

图 1-3-6 某品牌绝缘电阻
测试仪外观

仪检测绝缘性能也至关重要。

（1）绝缘检查工具介绍

通常检查绝缘的工具有绝缘电阻测试仪。图 1-3-6 为某品牌绝缘电阻测试仪外观。

（2）绝缘电阻测试仪使用注意事项

绝缘电阻测试仪的使用注意事项如下。

① 应严格按照使用手册的规定使用，否则可能会破坏测试仪提供的保护措施。

② 在将测试仪与被测电路连接之前，始终记住选用正确的端子、开关位置和量程。

③ 用测试仪测量已知电压来验证测试仪操作是否正常。

④ 端子之间或任何一个端子与接地点之间施加的电压不能超过测试仪上标明的额定值。

⑤ 电压在 30VACrms（交流有效值）、42VAC（交流）峰值或 60VDC（直流）以上时应格外小心，这些电压有造成触电的危险。

⑥ 出现电池低电量指示符时，应尽快更换电池。

⑦ 测试电阻、连通性、二极管或电容前，必须先切断电源，并将所有的高压电容器放电。

⑧ 切勿在爆炸性的气体或蒸气附近使用测试仪。测试导线时，手指应保持在保护装置的后面。

（3）测量绝缘电阻的步骤

根据欧洲经济委员会 ECE-R100 标准，绝缘电阻必须至少为 5000Ω/V。例如，288V×5000Ω/V=1.44MΩ，测量工具的测量电压至少要与检测部件的常规工作电压一样高。

表 1-3-2 为电动汽车的高压线束检查表，按表中操作步骤对电动汽车的高压线束进行检查。

表 1-3-2　电动汽车的高压线束检查表

操作步骤	操作说明
①将测试探头插入 V 和 COM（公共）输入端子	—
②将旋转开关转至所需的测试电压	—

续表

操作步骤	操作说明
③将探头与待测电路连接，测试仪会自动检测电路是否通电	如果电路中的电压超过30V（交流或直流），在主显示位置显示电压超过30V警告的同时，还会显示高压符号。在这种情况下，测试被禁止。在继续操作之前，先断开测试仪的连接并关闭电源
④按压测试按钮，此时将获得一个有效的绝缘电阻读数	辅显示位置上显示被测电路上所施加的测试电压。主显示位置上显示高压符号并以 MΩ 或 kΩ 为单位显示电阻。显示屏的下端出现测试图标，直到释放测试按钮。当电阻超过最大显示量程时，测试仪显示"＞"符号以及当前量程的最大电阻
⑤继续将探头留在测试点上，然后释放测试按钮，被测电路即开始通过测试仪放电	主显示位置显示电阻读数，直到开始新的测试或者选择了不同功能或量程，或者检测到了30V以上的电压

1.3.2.5　高压元件绝缘电阻检查

绝缘测试只能在不通电的电路上进行。图 1-3-7 为在车上绝缘性能测试示意图，黑表笔接车身，红表笔测量电气元件相应的端子。

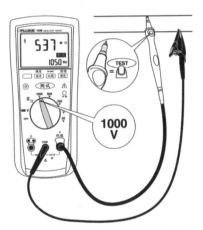

图 1-3-7　绝缘性能测试示意图

以某车型为例，表 1-3-3 为使用绝缘电阻测试仪检查相关的电气元件的步骤及标准，使用绝缘电阻测试仪对绝缘性能进行评价，按照表中的指引进行操作。

表 1-3-3　绝缘电阻测试仪检查电气元件的步骤及标准

高压部件	检测项目	检测方法	标准值
动力电池	动力电池正、负极与车身（外壳）绝缘电阻的检测	①拔掉高压接线盒动力电池输入线②将钥匙转至 ON 挡③将兆欧黑表笔接车身，红表笔逐个测量动力电池正、负极端子	动力电池正极绝缘电阻≥1.4MΩ；负极绝缘电阻≥1.0MΩ

续表

高压部件	检测项目	检测方法	标准值
车载充电机	车载充电机正、负极绝缘电阻的检测	①将低压蓄电池负极断开 ②拔掉高压接线盒插接件 ③将兆欧表黑表笔接于车身，红表笔逐个测量高压接线盒插接件的B（正极）和H（负极）	在环境温度为21～25℃和相对湿度为45%～75%时，车载充电机正、负极输出与车身（外壳）之间的绝缘电阻≥1000MΩ；在环境温度为21～25℃和相对湿度为90%～95%时，车载充电机正、负极输出与车身（外壳）之间的绝缘电阻≥20MΩ
DC/DC	DC/DC绝缘电阻的检测	①将低压蓄电池负极断开 ②拔掉高压接线盒插接件 ③将兆欧表黑表笔接于车身，红表笔逐个测量A（正极）和G（负极）	在环境温度为21～25℃和相对湿度为80%～90%时，高压输入与车身（外壳）绝缘电阻≥1000MΩ；在工作温度-20～65℃和工作湿度为5%～85%环境下，高压输入与车身（外壳）绝缘电阻≥20MΩ
空调压缩机	空调压缩机正、负极绝缘电阻的检测	①将低压蓄电池负极断开 ②拔掉高压接线盒插接件 ③将兆欧表黑表笔接于车身，红表笔逐个测量C（正极）和F（负极）	向空调压缩机内充入（50±1）mL的冷冻机油和62～64g的HFC-134a制冷剂后，空调压缩机正、负极对车身（外壳）的绝缘电阻≥5MΩ；清空空调压缩机内部的冷冻机油后，空调压缩机正、负极对车身（外壳）的绝缘电阻≥50MΩ
PTC加热电阻	PTC正、负极绝缘电阻的测量	①将低压蓄电池负极断开 ②拔掉高压接线盒插接件 ③将兆欧表黑表笔接于车身，红表笔逐个测量D（正极）和E（负极）	PTC正、负极与车身（外壳）绝缘电阻≥500MΩ
电机控制器和驱动电机	电机控制器、驱动电机正、负极输入绝缘电阻的测量	①将低压蓄电池负极断开 ②拔掉高压接线盒电机控制器输入插接件 ③将兆欧表黑表笔接于车身，红表笔逐个测量正、负极端子	电机控制器正、负极输入端子与车身（外壳）绝缘电阻≥100MΩ
高压接线盒	高压接线盒正、负极绝缘电阻的测量	①将低压蓄电池负极断开 ②拔掉高压接线盒插接件、动力电池输入插接件、驱动电机控制器输出插接件 ③将兆欧表黑表笔接于车身，红表笔逐个测量高压接线盒端（动力电池输入、驱动电机控制器输出）	高压接线盒接线端（动力电池输入、驱动电机控制器输出）与车身（外壳）绝缘电阻为无穷大

第 2 章

电动汽车动力电池

Chapter 2

2.5 动力电池系统常见故障诊断与排除

2.4 动力电池的更换

2.3 动力电池控制器

2.2 常见电动汽车动力电池

2.1 电动汽车动力电池及其分类

2.1.1 电池

电池和我们的日常生活息息相关。电池的种类有很多，划分的方法也有多种。按其原理可以分为生物电池、物理电池和化学电池。

（1）生物电池

生物电池利用生物（如生物酶、微生物、叶绿素等）分解反应过程中表现出来的带电现象进行能量转换，主要有微生物电池、酶电池、生物太阳能电池等。

（2）物理电池

物理电池是指利用物理原理制成的电池，其特点是能在一定条件下实现直接的能量转换，主要有太阳能电池、飞轮电池、核能电池和温差电池。

（3）化学电池

化学电池利用物质的化学反应发电。化学电池一般由电极（正极和负极）、电解质和外壳（容器）几部分组成。按工作性质分为原电池、蓄电池、燃料电池和储备电池。

目前电动汽车中普遍采用化学电池。

2.1.2　动力电池

在电动汽车中为车辆提供动力源的电池称为动力电池。动力电池的作用是接收和储存由车载充电机、发电机、制动能量回收装置或外置充电装置提供的高压直流电，并为电动汽车提供高压直流电。

动力电池是电动汽车的核心部件，也是电动汽车上价格最高的部件之一。动力电池的性能好坏直接决定了电动汽车的实际价值。

动力电池作为整个电动汽车的动力源，取代了传统燃油汽车的石油能源，相当于电动汽车的"心脏"，为整车提供持续稳定的能量，驱动车辆行驶。

2.1.3　动力电池分类

应用于电动汽车上的动力电池品种多样，经过技术发展和交替，目前在电动汽车中主要有铅酸电池、镍氢电池、锂离子电池，如图 2-1-1 所示。铅酸电池作为电动汽车的低压辅助电池，为车辆的普通低压电气系统提供低压工作用电。镍氢电池主要用在丰田普通混合动力和插电式混合动力车辆上，如丰田普通混合动力凯美瑞、卡罗拉双擎、雷凌双擎等及插电式混合动力车型普锐斯。锂离子电池普遍应用在纯电动汽车中，如比亚迪 e6、北汽 EV200/160、荣威 E50、长安逸动 EV、宝马 i3、吉利帝豪 EV300 等。各类型动力电池特点如表 2-1-1 所示。

(a) 铅酸电池　　　　　(b) 镍氢电池　　　　　(c) 锂离子电池

图 2-1-1　各类动力电池

表 2-1-1　各类型动力电池特点

类型	特点	应用
铅酸电池	成本低，技术成熟，能量密度低，体积笨重	普通汽车、电动汽车低压电池、电动自行车动力电池
镍氢电池	安全性较好，寿命较长，但成本高	丰田混合动力汽车
锂离子电池	能量密度高，自放电率低，使用寿命长，但成本高	电动汽车，如比亚迪 e6、北汽 EV200/160、宝马 i3 等

2.2 常见电动汽车动力电池

上面提到的镍氢电池和锂离子电池都是单体电池，电压一般在 1.2 ～ 3.6V 之间，而电动汽车所需要的电压通常在 260 ～ 400V。需要将单体电池串联成电池组的形式安装到电动汽车中。

电动汽车的动力电池一般位于车辆底部前、后桥及两侧纵梁之间，安装在这些位置能使其具有较高碰撞安全性，可以降低车辆重心，车辆操控性更好。将电动汽车的动力电池安装在驾驶室后方的车架纵梁之上，不但使拆装操作更加简单，避免了动力电池安装分散，减少动力电池之间高压连接线束的使用，避免了线路连接过多的问题，而且节约了成本。

动力电池尽可能安装在清洁、阴凉、通风、干燥的地方，并避免受到阳光直射，远离加热器或其他辐射热源。动力电池应正立安装放置，不可倾斜。动力电池组间应有通风冷却装置，以避免因动力电池损坏所产生的可燃气体引起爆炸和燃烧。

下面介绍目前常见电动汽车动力电池组成和安装位置。

2.2.1 丰田混合动力车型

丰田普锐斯、凯美瑞混合动力版、卡罗拉双擎、雷凌双擎等车型采用丰田 THS-Ⅱ混合动力驱动系统，动力电池安装在车辆后排座椅后面的后备厢内，动力

电池由 34 个电池模块组成，电池模块由 6 个 1.2V 的单体镍氢电池构成，电压为
7.2V，动力电池的标称电压为 244.8V。动力电池的组成和安装位置分别如图 2-2-1
和图 2-2-2 所示。

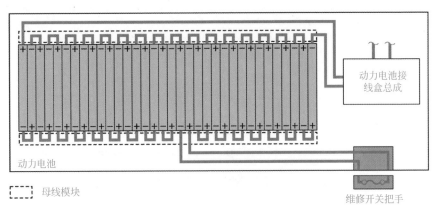

图 2-2-1　丰田混合动力车型动力电池组成

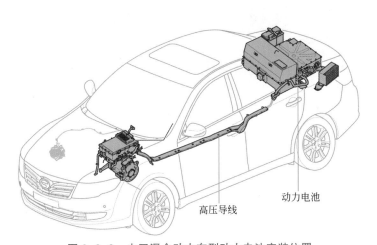

图 2-2-2　丰田混合动力车型动力电池安装位置

2.2.2　比亚迪 e6

　　比亚迪 e6 采用磷酸铁锂动力电池，该动力电池是正极采用磷酸铁锂材料的锂
离子电池。比亚迪 e6 动力电池的单体电池电压为 3.3V，有 11 个电池模块构成，
共 96 节单体电池，标称电压为 316.8V。电池安装在车辆的底部，如图 2-2-3 所示。
动力电池外观如图 2-2-4 所示。

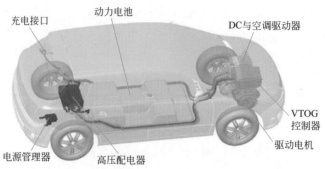

图 2-2-3　比亚迪 e6 动力电池安装位置

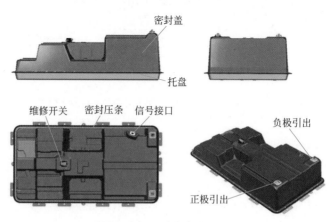

图 2-2-4　动力电池外观

2.2.3　北汽 EV200

北汽 EV200 电动汽车动力电池采用磷酸铁锂电池，安装在车辆底部，额定电压为 320V。动力电池的外观和安装位置如图 2-2-5 和图 2-2-6 所示。

图 2-2-5　动力电池外观

图 2-2-6　动力电池安装位置

2.2.4　荣威 E50

荣威 E50 电动汽车动力电池采用磷酸铁锂电池，安装在车辆底部，安装位置如图 2-2-7 所示。动力电池包含 5 个模块，其中 3 个大模块（27 串 3 并）、2 个小模块（6 串 3 并），共 93 个单体电池串联，总电压范围为 232.5 ～ 334.8V。

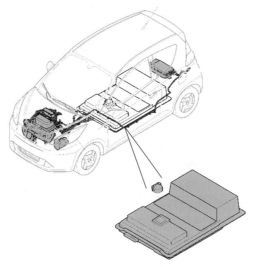

图 2-2-7　荣威 E50 动力电池安装位置

2.2.5　广汽新能源 AG

广汽新能源 AG 电动汽车动力电池安装在后备厢处，由 212 个磷酸铁锂单体电池组成，每个单体电池的标称电压为 3.2V。使用电压范围为 2.5 ～ 3.6V。系统的标称电压为 345.6V，工作电压为 260 ～ 420V。瞬时电流可达 300A 以上。动力电池安装位置如图 2-2-8 所示。

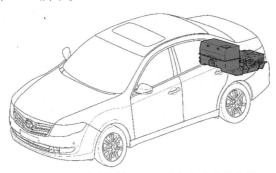

图 2-2-8　广汽新能源 AG 动力电池安装位置

2.2.6　特斯拉 S

特斯拉 S 动力电池安装在车辆底盘前后轴之间，电池组几乎占据车辆底盘的全部，动力电池由 7104 个 18650 锂电池组成，容量为 85kW·h，400V 直流电。电池组板由 16 个电池组串联而成，并且每个电池组由 444 个锂电池每 74 个并联形成。动力电池安装位置如图 2-2-9 所示。

图 2-2-9　特斯拉 S 动力电池安装位置

2.2.7　宝马 i8/i3

宝马 i8/i3 动力电池由韩国三星 SDI 提供，将电池组装成电池模块并与其他组件一起安装成完整的动力电池单元。动力电池属于锂离子电池，类型为 N·MCo/LMO 混合。"N·MCo/LMO 混合"这一名称说明了这种电池类型使用的金属，一方面是镍、锰和钴的混合物，另一方面是锂锰氧化物。单体电池额定电压为 3.7V，12 节单体电池组成一个电池模块，共有 8 个电池模块构成额定电压为 360V 的高压动力电池。宝马 i3 电池模块及其安装位置如图 2-2-10 所示。

电池模块

图 2-2-10 宝马 i3 电池模块及其安装位置

2.2.8 吉利帝豪 EV300

吉利帝豪 EV300 采用三元锂离子动力电池，额定电压为 346V，额定功率为 50kW，电池容量为 126A·h。动力电池采用水冷方式。

动力电池安装在车体下部，如图 2-2-11 所示。动力电池的组成部件包括各模块总成、csc 采集系统、电池控制单元（BMU）、电池高压分配单元（B-BOX）、维修开关等。除维修开关安装在动力电池外部，其余组件均封装在动力电池内部。

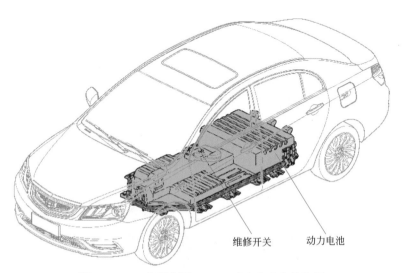

维修开关　动力电池

图 2-2-11 吉利帝豪 EV300 动力电池安装位置

2.2.9 知豆城市微行电动车

知豆城市微行电动车采用磷酸铁锂和锰酸锂动力电池，动力电池容量分别为150A·h和160A·h，额定电压均为72V，最大放电电流为350A，充电电流为25A。动力电池采用自然风冷方式。

动力电池安装在车辆的底部，如图2-2-12所示。动力电池组由单体电池、高压继电器、高压熔断器、高压插接件、分流器、动力线等组成，如图2-2-13所示。

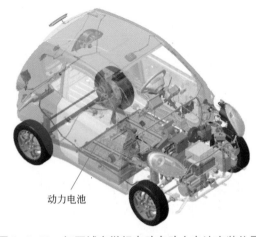

动力电池

图2-2-12　知豆城市微行电动车动力电池安装位置

单体电池　　　　　　　　　　　　　　　　高压插接件
高压继电器　　　　　　　　　　　　　　　分流器
高压熔断器
　　　　　　　　　　　　　　　　　　　　动力线
BMS
　　　　　　　　　　　　　　　　　　　　电池箱

图2-2-13　知豆城市微行电动车动力电池结构

2.3.1 电池控制器作用及原理

动力电池管理系统（BMS）也称电池控制器，是电池保护和管理的核心部件，其作用是保证电池的使用安全可靠，控制动力电池组的充放电，并向 VCU 上报动力电池系统的基本参数及故障信息。

动力电池管理系统对动力电池的电压、电流、温度进行实时检测，同时还进行漏电检测、热管理、电池均衡管理、报警提醒，计算剩余容量、放电功率，报告 SOC（State of Charge 荷电状态）、SOH（State of Health 性能状态，也称健康状态），还根据动力电池的电压、电流及温度用算法控制最大输出功率以获得最大行驶里程，以及用算法控制充电机进行最佳电流的充电，通过 CAN 总线接口与整车控制器、电机控制器、能量控制系统、车载显示系统等进行实时通信。

图 2-3-1 所示为常见的动力电池管理系统功能，主要包括数据采集、状态估计、热管理、数据通信、安全管理、能量管理（包括动力电池均衡功能）和故障诊断等，各部分功能如表 2-3-1 所示。动力电池管理系统与整车控制系统（也称整车控制器）的关系如图 2-3-2 所示。

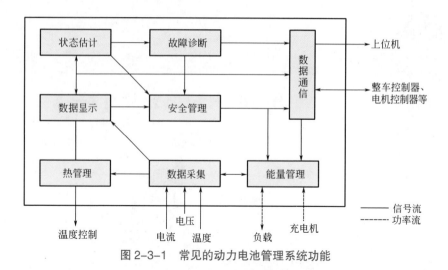

图 2-3-1 常见的动力电池管理系统功能

表 2-3-1 常见的动力电池管理系统的功能

功能	描　述
数据采集	是动力电池管理系统所有功能的基础，需要采集的数据信息有电池组总电压、电流、电池模块电压和温度
状态估计	包括 SOC 估计和 SOH 估计，SOC 提供电池剩余电量的信息，SOH 提供电池健康状态的信息，目前的动力电池管理系统都实现了 SOC 和 SOH 估计功能
热管理	指 BMS 根据热管理控制策略进行工作，以使电池组处于最优工作温度范围
数据通信	指电池管理系统与整车控制器、电机控制器等车载设备及上位机等非车载设备进行数据交换的功能
安全管理	在电池组的电压、电流、温度、SOC 等出现不安全状态时电池管理系统给予及时报警并进行断路等紧急处理
能量管理	对电池组充放电过程的控制，其中包括对电池组内单体或模块进行电池均衡
故障诊断	指使用相关技术及时发现电池组内出现故障的单体或模块

　　BMS 最基本的功能是监控与动力电池自身安全运行相关的状态参数（如动力电池的电压、电流和温度）、预测动力系统优化控制有关的运行状态参数（SOC、SOH）和相应的剩余行驶里程、进行与工作环境适应性有关的热管理等，进行动力电池管理以避免出现过放电、过充电、过热和单体电池之间电压严重不均衡现象，最大限度地利用动力电池存储能力和循环寿命。

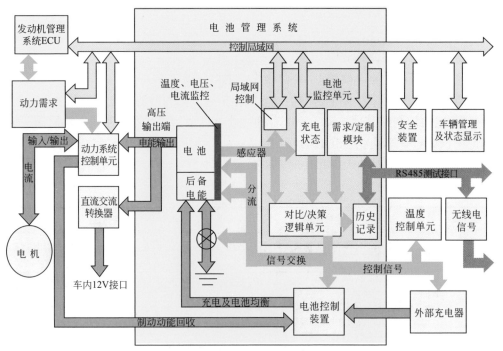

图 2-3-2 电池管理系统与整车控制系统的关系

2.3.2 常见车型动力电池控制器

（1）比亚迪 e6

比亚迪 e6 动力电池控制器安装在后备厢备胎下方，位置如图 2-3-3 所示。

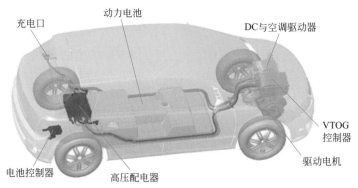

图 2-3-3 动力电池控制器安装位置

动力电池控制器的故障模式如下。

①电压采样功能异常。

②温度采样功能异常。

③电池管理熔断器烧毁。

④和采集器、整车模块 CAN 总线失去通信。

⑤信号采集异常（漏电检测信号、碰撞信号、动力电池电流信号等）。

⑥电池控制器其他故障（充电管理、放电管理、接触器控制、电池均衡、数据记录、SOC 计算功能、SOH 计算功能）。

出现上述故障时的表现和处理方法如表 2-3-2 所示。

表 2-3-2　动力电池控制器故障表现和处理方法

故障模式	故障表现	处理方法
电压采样功能异常	电池控制器内部故障可能使采集到的动力电池的单节电压、总电压失真，导致车辆无法正常使用	
	出现总电压采样过高或过低时，车辆动力会自动切断，仪表动力电池故障灯亮	①用 ED400 读取电池控制器数据流，采集到总电压大小 ②更换电池控制器，试车是否正常 ③更换电池控制器后故障无法消除，进行动力电池维修
	出现单节电压采样过低时，车辆 SOC 进行修正（2.2V时 SOC 修正为0），车辆动力会自动切断，仪表动力电池故障灯亮	①用 ED400 读取电池控制器数据流，采集到单节电池最低电压大小 ②更换电池控制器，试车是否正常 ③更换电池控制器后故障无法消除，进行动力电池维修
	出现单节电压采样过高时（3.8V），车辆动力会自动切断，仪表动力电池故障灯亮	①用 ED400 读取电池控制器数据流，采集到单节电池最高电压大小 ②更换电池控制器，试车是否正常 ③更换电池控制器后故障无法消除，进行动力电池维修
温度采样功能异常	电池控制器内部故障可能使采集到的动力电池的单节温度失真，导致车辆无法正常使用	
	出现温度采样严重异常时，车辆动力会自动切断，仪表动力电池过热故障灯亮	①用 ED400 读取电池控制器数据流，采集到单节电池温度大小 ②更换电池控制器配件，试车是否正常 ③更换配件后故障无法消除，进行动力电池维修
电池控制器熔断器烧毁	由于外部电流过大导致电池控制器熔断器烧毁，使控制器无法正常供电工作	
	出现电池控制器熔断器（直流充电电路为 BMS 熔断器，交流充电电路为双路熔断器）烧毁时：电池控制器没有工作电压，无法进行与车辆其他模块的信息交换，导致车辆无法正常上电；交流充电继电器没有电无法吸合，导致 BMS 无法正常交换信号充电	更换熔断器

续表

故障模式	故障表现	处理方法
信号采集异常（漏电检测信号、碰撞信号、动力电池电流信号等）	信号采集异常：由于电池控制器内部采集模块故障或外部自身交换的 CAN 数据异常，导致信息反馈到 BMS 进行处理时出现异常	①检查并更换有问题的采样信号线 ②更换电池控制器

（2）荣威E50

荣威 E50 动力电池控制器安装在动力电池壳体内，如图 2-3-4 所示。动力电池控制器的功能如图 2-3-5 所示，动力电池控制器提供的功能如下。

① 提供动力电池的状态给整车控制器，通过不同高压继电器的通断，实现各个高压回路的通断，使其实现充放电管理和动力电池状态的指示。

② 热管理功能：通过水冷的方式控制动力电池在各种工况下工作在合适的温度范围内。

③ 高压安全管理：实现绝缘电阻检测、高压互锁检测、碰撞检测功能，具备故障检测管理及处理机制。

④ 实现慢充和快充充电设备连接线检测，控制整车的充电状态和充电连接状态灯。

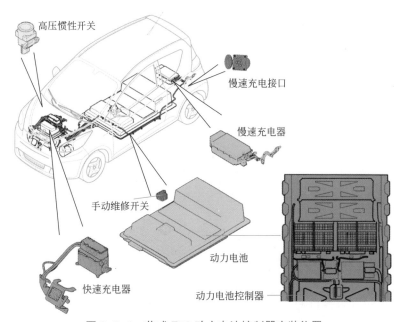

图 2-3-4　荣威 E50 动力电池控制器安装位置

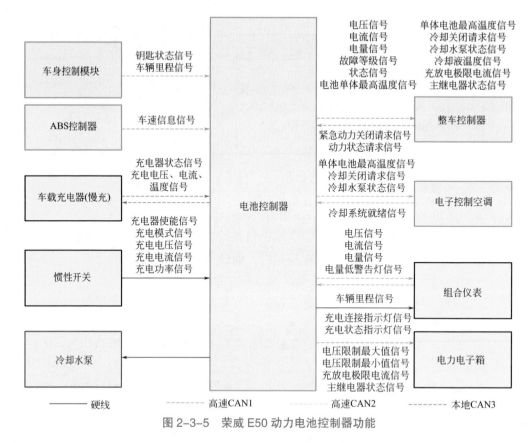

图 2-3-5 荣威 E50 动力电池控制器功能

（3）丰田混合动力车型（普锐斯、凯美瑞、卡罗拉双擎等）

丰田混合动力车型的动力电池控制器（丰田技术资料中称之为电池智能单元）安装在动力电池模块上，如图 2-3-6 所示。丰田混合动力车型动力电池控制器功能框图如图 2-3-7 所示。

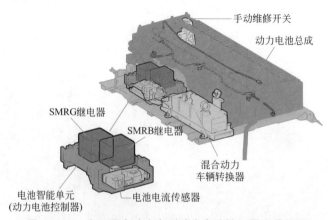

图 2-3-6 丰田混合动力车型动力电池控制器安装位置

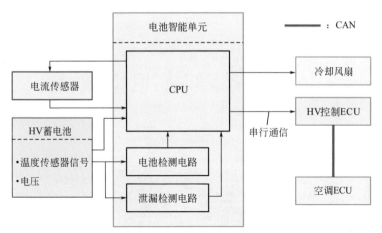

图 2-3-7　丰田混合动力车型动力电池控制器功能框图

（4）吉利帝豪EV300

吉利帝豪 EV300 电池控制器安装于动力电池总成内部，是电池管理系统核心部件，电池控制器将单体电池电压、电流、温度及整车高压绝缘等信息上报整车控制器（VCU）并根据 VCU 的指令完成对动力电池的控制，如图 2-3-8 所示。

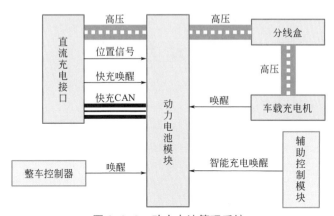

图 2-3-8　动力电池管理系统

（5）知豆城市微行电动车

知豆城市微行电动车动力电池控制器（BMS）安装在动力电池内部，参见图 2-2-13。其控制功能如下。

① 单体电池状态获取并判断、均衡控制。

② 剩余电量 SOC 估算、健康度 SOH 估算。

③ 高压接触器开关控制、热管理、系统绝缘检测。

④ 对外通信，接收指令并反馈自身状态。

动力电池的更换

2.4.1　比亚迪 e6 动力电池

（1）拆装注意事项

比亚迪 e6 动力电池属于高压危险产品，维修人员拆装过程需注意以下事项。

① 动力电池黄线连接部分或者贴有高压标识的零部件在拆卸时应严格注意安全操作规范。

② 动力电池卸下前应立即断开电池维修开关，且开关插座进行覆盖绝缘保护。

③ 动力电池动力输出出口插座必须进行绝缘覆盖保护，避免异物落入造成触电。

④ 拆卸过程中，注意采样信号线不得用力拉拔、过度弯曲，以防采样信号线受损坏。

⑤ 安装过程，螺钉紧固力矩必须按照设计要求，使用专业工具紧固。

⑥ 动力铜排连接片与模组连接位置装配前应除尘、去污。

⑦ 动力电池拆卸过程中注意零部件标识，以免遗漏或装错。

⑧ 安装完成后必须对紧固件打扭力标（在紧固件及其安装面上用油漆笔画线）。

⑨ 在动力电池拆卸和安装过程中禁止以下情况发生：暴力拆卸、跌落、碰撞、模组倾斜、重压模组、采样信号线过度拉扯、人为短路等非正常工作行为；禁止非工作人员拆卸。

动力电池属高压器件，操作不当易造成人员伤亡。所有拆装过程及注意事项应严格参照本拆装规范。

（2）拆卸流程

警告：
① 为了避免造成人身伤害，非专业人员不要拆卸动力电池。
② 在无佩戴相应防护用具的情况下，不要接触或对动力电池进行操作。
③ 操作前，将车辆退电至 OFF 挡。
④ 拆卸过程中，注意动力电池及车辆上的高压警示标识。
⑤ 拆卸过程中，部分零部件具有锁紧功能，不要使用蛮力破坏。
⑥ 拆卸过程中，注意对动力电池进行防护。

按照图 2-4-1 的流程顺序进行拆卸。

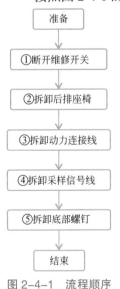

准备
↓
①断开维修开关
↓
②拆卸后排座椅
↓
③拆卸动力连接线
↓
④拆卸采样信号线
↓
⑤拆卸底部螺钉
↓
结束

图 2-4-1　流程顺序

（3）拆卸步骤

① 断开维修开关，详细步骤见本书 1.2.3 中相关内容。

② 拆卸后排座椅。

a. 取下后排座椅两侧盖板，如图 2-4-2 所示。

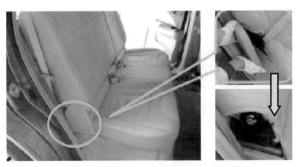

图 2-4-2　取下后排座椅两侧盖板

b. 拆下座椅折弯处螺钉（21mm），如图 2-4-3 所示。

c. 同时拉动座椅两侧弯折处黑色拉绳，并将座椅靠背前倾，取出座椅靠背，如图 2-4-4 所示。

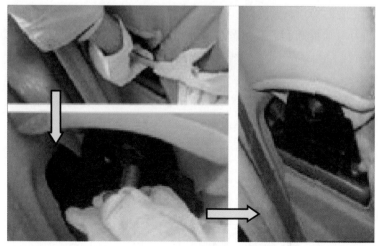

图 2-4-3　拆下螺钉

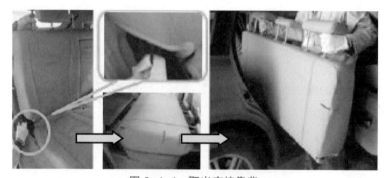

图 2-4-4　取出座椅靠背

d. 拆掉座椅安全带后缝隙处螺钉（10mm）并取出座椅，如图 2-4-5 所示。

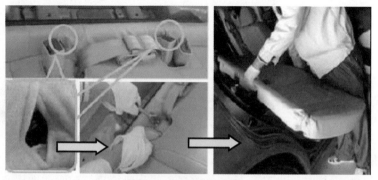

图 2-4-5　取出座椅

e. 卸掉座椅横梁固定螺钉以及安全带固定螺钉，如图 2-4-6 所示。

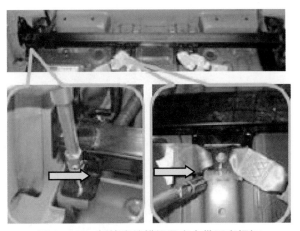

图 2-4-6　卸掉座椅横梁及安全带固定螺钉

f. 取出横梁，如图 2-4-7 所示。

③拆卸动力连接线。

a. 打开后备厢，取出物品，如图 2-4-8 所示。

图 2-4-7　取出横梁

图 2-4-8　取出后备厢物品

b. 拆卸高压配电箱保护盖板固定螺钉（10mm），如图 2-4-9 所示。

图 2-4-9　拆卸保护盖板固定螺钉

c. 拔掉高压配电箱保护盖板上的信号连接线插接件，如图 2-4-10 所示。

图 2-4-10　拔掉信号连接线插接件

d. 取出高压配电箱保护盖板，如图 2-4-11 所示。

图 2-4-11　取出保护盖板

e. 取下正、负极插接件的红色卡扣，轻提黑色卡扣，听到"咔"声后，拔下插接件，如图 2-4-12 所示。

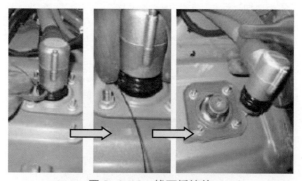

图 2-4-12　拔下插接件

f. 拆下正、负极引出固定板，并使用保护盖或电工绝缘胶布对正、负极接口进行防护，如图 2-4-13 所示。

图2-4-13　拆下引出固定板并进行防护

④ 拆卸采样信号线。

a. 拧下采样信号线盖板螺钉（10mm）并取下盖板，如图2-4-14所示。

b. 旋转采样信号线插接件卡扣，如图2-4-15所示。

图2-4-14　拧下盖板螺钉并取下盖板

图2-4-15　旋转插接件卡扣

c. 取下采样信号线插接件，如图2-4-16所示。

⑤ 拆卸底部螺钉。

a. 用举升机支撑端对准车架横梁举升车辆，如图2-4-17所示。

图2-4-16　取下采样信号线插接件

图2-4-17　举升车辆

注意 将举升机四个支撑端对准底盘车架横梁槽后再举升车辆，以免由于车身重量压损车架或电池包边缘。

b. 拆卸车头防撞梁固定螺钉（17mm），如图2-4-18所示。

c. 取下防撞梁，如图2-4-19所示；

图2-4-18　拆卸防撞梁固定螺钉

图2-4-19　取下防撞梁

d. 调整车辆高度，用移动举升平台或简易支架放置在动力电池底部顶住动力电池，如图2-4-20所示。

e. 拆卸动力电池底部固定螺钉（18mm，共13个），如图2-4-21所示。

图2-4-20　顶住动力电池

图2-4-21　拆卸固定螺钉

f. 提升车辆高度，并将动力电池拉出，如图2-4-22所示。

图2-4-22　拉出动力电池

2.4.2　吉利帝豪 EV300 动力电池

① 动力电池的下电操作。

a. 打开前机舱盖，断开低压蓄电池负极连接线。

b. 参照本书 1.2.3 中的（2）拆卸手动维修开关。

② 举升车辆，顶住动力电池。

a. 按照规定要求将车辆举升，注意举升机举升点不要支撑在动力电池上。

b. 使用移动举升平台支撑住动力电池。

③ 拆卸动力电池冷却水管。

a. 断开动力电池进、出水管与动力电池的连接。

b. 断开动力电池出水管与热交换器的连接。

c. 断开动力电池进水管与电子冷却水泵的连接。

d. 断开动力电池进水管与电池膨胀罐软管的连接。

e. 如图 2-4-23 所示取下动力电池进、出水管。

④ 拆卸动力电池连接线。

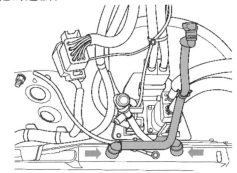

图 2-4-23　取下动力电池进、出水管

a. 断开图 2-4-24 所示动力电池的两个高压线束插接器

b. 断开图 2-4-24 所示动力电池与前机舱线束的两个线束插接器

c. 断开图 2-4-24 所示动力电池搭铁线固定螺母，断开动力电池搭铁线。

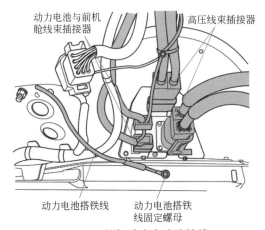

图 2-4-24　拆卸动力电池连接线

⑤拆卸动力电池。

a. 拆卸如图 2-4-25 所示动力电池后部的 3 个固定螺栓。

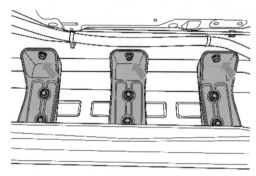

图 2-4-25　拆卸动力电池后部固定螺栓

b. 如图 2-4-26 所示，分别拆卸动力电池前部 2 个固定螺栓和左右各 7 个固定螺栓。

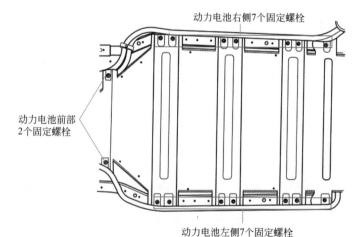

动力电池右侧7个固定螺栓

动力电池前部2个固定螺栓

动力电池左侧7个固定螺栓

图 2-4-26　拆卸动力电池前部和左右两侧固定螺栓

c. 缓慢下降移动举升平台，将动力电池从车身上拆卸下来。

2.4.3　北汽 EU260 快换动力电池

2.4.3.1　快换锁与快换提醒

北汽电动车 EU 系列车型分为两种：出租车版和长续航版。出租车版和长续航版的动力电池有所不同。为满足出租车的运营需求，出租车版的动力电池带有快换功能。在车型上设计了快换锁和快换提醒功能。

（1）快换锁

为了确保动力电池与快换支架安装可靠，当快换锁未锁到位时，整车控制器发出下电指令，禁止车辆启动行驶。

（2）快换提醒

当执行快换电池操作时，整车控制器强制动力电池下电，确保零负荷更换电池。

（3）快换锁控制原理

快换锁内有两个霍尔传感器串联在一起监控快换锁的状态，当整车控制器监测到高电位时切断动力电池高压输出。快换锁传感器电路简图如图 2-4-27 所示。

（4）快换提示传感器

在车辆底盘左侧快换支架上有一个快换提示传感器，当有磁铁接近快换提示传感器时，传感器输出 0V 信号，整车控制器监测到 0V 信号立即发出指令切断动力电池主继电器，强制下电。快换提示传感器电路简图如图 2-4-28 所示。

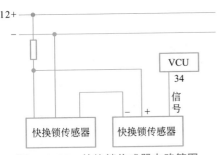

图 2-4-27　快换锁传感器电路简图

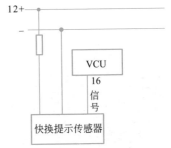

图 2-4-28　快换提示传感器电路简图

2.4.3.2　快换动力电池操作

注意：准备更换动力电池前应关闭点火开关、拆下低压蓄电池负极连接线，车辆举升到需要的高度时，举升机要锁止安全锁；电池移动举升平台上升接触到动力电池底部再进行拆卸工作。

（1）动力电池拆装

① 将车辆置于举升机适当位置，关闭点火开关并同时拆下低压蓄电池负极连接线，如图 2-4-29 所示。

②将车辆举升至一定高度并锁止举升机安全锁。

③将移动举升平台推放到动力电池正下方，升高举升平台与动力电池底部接触，如图2-4-30所示。

图2-4-29　拆下低压蓄电池负极连接线

图2-4-30　托住动力电池

④用撬棍把动力电池锁止机构接触点向车身尾部方向移动，如图2-4-31所示。

⑤左右两侧动力电池锁解除后，用撬棍将动力电池整体向车身尾部移动至支架开口处，如图2-4-32所示。

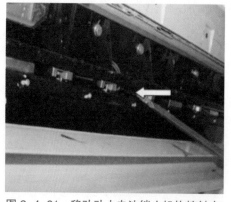

图2-4-31　移动动力电池锁止机构接触点

图2-4-32　取出动力电池

⑥缓慢下降动力电池移动举升平台，降到需要的高度后将动力电池移动举升平台推出。

按相反顺序安装动力电池。

注意

动力电池安装到位，一定要确认快换锁机构落锁到位。

（2）快换支架拆装

① 拔下快换锁线束插接件（位置在后桥上方的16针插接件），如图2-4-33所示。

② 打开快换线束与车架左后侧固定卡扣。

③ 从动力电池前端拔下动力电池控制系统低压控制线束，如图2-4-34所示。

图2-4-33 拔下快换锁线束插接件

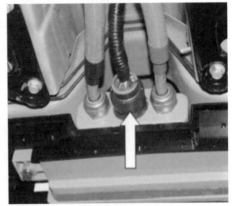

图2-4-34 拔下低压控制线束

④ 拆下高压线束与车身、减速器处固定卡扣。

⑤ 拔下动力电池与PEU插接件，并把高压线束向下拉，如图2-4-35所示。

图2-4-35 拔下动力电池与PEU插接件

⑥ 用动力电池移动举升平台支撑快换支架，如图2-4-36所示。

⑦ 拆下快换支架16个安装螺栓，同时注意检查线束与车身是否脱离，如

图 2-4-37 所示。

图 2-4-36　用移动举升平台支撑快换支架

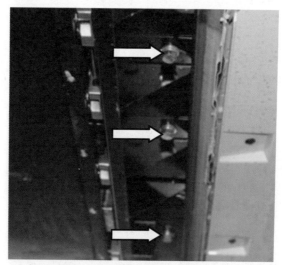

图 2-4-37　拆下快换支架安装螺栓

按相反顺序安装快换支架。

拆装快换支架不能损坏传感器。

2.5 动力电池系统常见故障诊断与排除

2.5.1 动力电池单体故障

（1）动力电池单体过压（表2-5-1）

表2-5-1 动力电池单体过压故障诊断与排除

故障名称	动力电池单体过压
BMS 故障处理方式	行车模式：上报故障，同时最大允许充电功率调整为 0 车载充电模式：上报故障，同时动力电池充电请求为待机，5s 后断开高压继电器 快速充电模式：上报故障，同时发送 BST，5s 后断开高压继电器
VCU 故障处理方式	行车模式：停止能量回收，仪表点亮限制能量回收灯 快慢充模式：立即下高压
导致故障的原因	充电机失控、电机系统失控
故障可能造成的影响	继续充电或者进行制动能量回收会引起电池过充、鼓包、膨胀甚至爆炸
处理措施	①充电过程出现该问题，更换动力电池 ②如果重新上电，车辆恢复正常，应进行路试。如果重新上电车辆不能恢复正常，则需要更换动力电池
建议的维修措施	充电时，检查充电机 行车时，检查制动能量回收控制数据

（2）动力电池单体电池不均衡（表2-5-2）

表 2-5-2　动力电池单体电池不均衡故障诊断与排除

故障名称	动力电池单体电池不均衡
BMS 故障处理方式	上报故障
VCU 故障处理方式	—
导致故障的原因	动力电池单体一致性不好或者均衡效果不好
故障可能造成的影响	导致动力电池单体压差过大，影响充电均衡，影响整车性能
处理措施	重新上电，进行反复几次慢充，并进行几次 30km/h 匀速行驶，如恢复正常，则不需进行其他操作，但应多注意观察；如仍频繁出现该故障，则需按照"建议的维修措施"实施检测维修
建议的维修措施	①查看是否有电池单体欠压或者过压故障，先行处理 ②如果仍有该故障，则检查均衡回路

 ## 2.5.2　动力电池短路故障

（1）动力电池外部短路（表2-5-3）

表 2-5-3　动力电池外部短路故障诊断与排除

故障名称	动力电池外部短路
BMS 故障处理方式	行车模式：上报故障 车载充电模式：上报故障 快充充电模式：上报故障
VCU 故障处理方式	①校验电机、充电机母线电流，若确认短路，立即高压下电 ②若整车处理，仪表点亮动力电池故障灯、MIL 灯，发出三级报警音
导致故障的原因	电池单体一致性不好或者均衡效果不好
故障可能造成的影响	导致电池单体压差过大，影响充电均衡，影响整车性能
处理措施	重新上电，进行反复几次慢充，并进行几次 30km/h 匀速行驶，如恢复正常，则不需进行其他操作；如仍频繁出现该故障，需按照"建议的维修措施"实施检测维修
建议的维修措施	①查看是否有电池单体欠压或者过压故障，先行处理 ②如果仍有该故障，则检查均衡回路

（2）动力电池内部短路（表2-5-4）

表 2-5-4 动力电池内部短路故障诊断与排除

故障名称	动力电池内部短路
BMS 故障处理方式	车载充电模式：上报故障，同时动力电池充电请求为待机，5s 后断开高压继电器 快充充电模式：上报故障到，同时发送 BST，5s 后断开高压继电器
VCU 故障处理方式	①仪表点亮动力电池故障灯、MIL 灯，发出一级报警音，提示驾驶员尽快离开车辆 ②立即高压下电，如果未上高压禁止上高压
导致故障的原因	动力电池内部焊接、装配等问题
故障可能造成的影响	引起热失控，出现着火、爆炸
处理措施	确认无故障后，手动清除故障码后重新上电
建议的维修措施	①检查电池单体 ②检查动力电池系统装配问题

2.5.3 动力电池温度异常故障

（1）动力电池温度过高（表2-5-5）

表 2-5-5 动力电池温度过高故障诊断与排除

故障名称	动力电池温度过高
BMS 故障处理方式	行车模式：上报故障，同时最大允许充放电功率调整为 0，整车在 2s 内没有高压下电，BMS 主动断开高压继电器 车载充电模式：上报故障，同时动力电池充电请求为待机，5s 后断开高压继电器 快充充电模式：上报故障，同时发送 BST，5s 后断开高压继电器
VCU 故障障处理方式	①仪表点亮动力电池故障灯、MIL 灯，发出一级报警音，提示驾驶员尽快离开车辆 ②立即高压下电，如果未上高压禁止上高压
导致故障的原因	①动力电池热管理系统有问题 ②动力电池单体本身有问题 ③动力电池装配节点松动
故障可能造成的影响	导致动力电池隔膜熔化，出现动力电池内部短路，从而引起热失控，出现着火、爆炸
处理措施	停止充电、加热、行车，待温度自然降低，如果重新上电，车辆恢复正常，则不需进行维修。如果重新上电车辆不能恢复正常，或者较短时间内温度仍迅速上升，则需按照"建议的维修措施"检查维修
建议的维修措施	①采集动力电池温度数据，检查温度传感器与实际温度差异 ②检测动力电池热管理系统 ③检查动力电池单体状态 ④检查动力电池系统装配问题

（2）温度不均衡（表2-5-6）

表2-5-6　动力电池温度不均衡故障诊断与排除

故障名称	动力电池温度不均衡
BMS故障处理方式	上报故障
VCU故障处理方式	—
导致故障的原因	动力电池热管理系统故障
故障可能造成的影响	动力电池在差异化的温度下工作，电池单体一致性变差，同时电池温度指示灯不能很好地反映电池温度状态
处理措施	停止充电、加热、行车，车辆恢复正常，则不需进行维修。如果重新上电仍频繁出现该故障，则需按照"建议的维修措施"检查维修
建议的维修措施	①查看是否有温度过高故障，先处理温度过高故障 ②处理完温度过高故障后如仍报该故障，检查动力电池热管理系统、温度传感器装配位置

（3）动力电池升温过快（表2-5-7）

表2-5-7　动力电池升温过快故障诊断与排除

故障名称	动力电池升温过快
BMS故障处理方式	行车模式：上报故障，同时最大允许充放电功率调整为0，整车在2s内没有高压下电，BMS主动断开高压继电器 车载充电模式：上报故障，同时动力电池充电请求为待机，5s后断开高压继电器 快充充电模式：上报故障，同时发送BST，5s后断开高压继电器
VCU故障处理方式	①仪表点亮动力电池故障灯、MIL灯，发出一级报警音，提示驾驶员尽快离开车辆 ②充电模式：立即高压下电，如果未上高压禁止上高压 ③行车模式：若车速≥30km/h，延时T高压下电（$8s \leq T \leq 10s$）；若车速<30km/h，立即高压下电，如果未上高压禁止上高压
导致故障的原因	①动力电池内部短路 ②动力电池焊接、装配等问题引起火花
故障可能造成的影响	导致电池隔膜熔化，出现动力电池内部短路，从而引起热失控，出现着火、爆炸
处理措施	按照"建议的维修措施"诊断检查确认无故障后，手动清除故障码后重新上电
建议的维修措施	①检查温度传感器装配位置 ②检查动力电池单体状态 ③检查动力电池装配状态

2.5.4　动力电池绝缘、充电故障

（1）动力电池绝缘电阻低（表2-5-8）

表 2-5-8　动力电池绝缘电阻低故障诊断与排除

故障名称	动力电池绝缘电阻低
BMS 故障处理方式	行车模式：上报故障 车载充电模式：上报故障，同时动力电池充电请求为待机，5s 后断开高压继电器 快充充电模式：上报故障，同时发送 BST，5s 后断开高压继电器
VCU 故障处理方式	①仪表立即点亮绝缘故障灯 ②行车模式：根据车速和挡位处理，车速 ≥ 30km/h 不处理，否则执行高压下电或禁止高压上电。充电模式：立即高压下电 ③若整车进行处理，则仪表点亮 MIL 灯，发出一级报警音
导致故障的原因	①高压部件内部短路 ②高压回路对车身绝缘阻值下降
故障可能造成的影响	整车可能存在漏电，对人员造成伤害
处理措施	按照"建议的维修措施"诊断检查，确认无故障后，手动清除故障码后重新上电
建议的维修措施	①检查高压部件、高压回路的绝缘状况 ②更换绝缘不合格的高压器件

（2）动力电池充电电流异常（表2-5-9）

表 2-5-9　动力电池充电电流异常故障诊断与排除

故障名称	动力电池充电电流异常
BMS 故障处理方式	车载充电模式：上报故障，同时进行充电机重启，重启 5 次仍然出现该故障，动力电池充电请求为待机 快充充电模式：上报故障，同时发送 BST
VCU 故障障处理方式	—
导致故障的原因	充电机故障或者充电回路故障
故障可能造成的影响	引起动力电池过充、鼓包、膨胀甚至爆炸
处理措施	如果重新上电，车辆恢复正常，则不需进行诊断维修。如果重新上电车辆不能恢复正常，则需按照"建议的维修措施"诊断检查
建议的维修措施	①检查充电回路 ②更换 PEU

第 3 章

高压配电系统

Chapter 3

3.4 高压配电系统常见故障诊断与排除

3.3 高压配电系统的更换

3.2 常见电动汽车高压配电系统

3.1 高压配电系统作用、组成及原理

3.1 高压配电系统作用、组成及原理

电动汽车上有一套高压配电系统。高压配电系统是将动力电池的高压电分配给电机控制器、驱动电机、电动空调压缩机、PTC加热器、DC/DC等高压用电设备。同时将交流、直流充电接口高压充电电流分配给动力电池，以便为动力电池充电。

一般高压配电系统由分线盒（有些车型也称之为高压配电单元、高压电器盒等）、直流充电接口、交流充电接口、高压配电线束、电动空调压缩机线束、PTC加热器线束、电机三相线等组成，如图3-1-1所示。

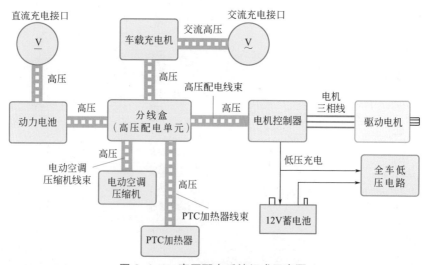

图3-1-1 高压配电系统组成示意图

（1）分线盒（高压配电单元、高压电器盒）

分线盒的作用类似于低压供电系统中的熔丝盒，高压分线盒的功能包括高压电能的分配和高压回路的过载及短路保护。

分线盒将动力电池总成输送的电能分配给电机控制器、空调压缩机和 PTC 加热器。此外，交流慢充时，充电电流也会经过分线盒流入动力电池为其充电。长安逸动 EV 分线盒（长安逸动称此部件为高压电器盒）如图 3-1-2 所示。

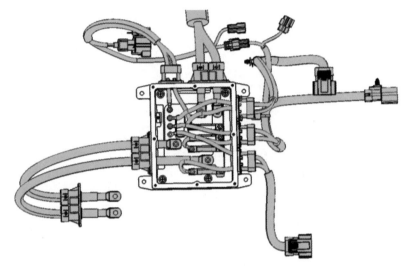

图 3-1-2　长安逸动 EV 分线盒（高压电器盒）

吉利帝豪 EV300 分线盒基本原理如图 3-1-3 所示。

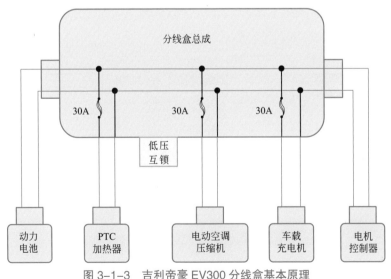

图 3-1-3　吉利帝豪 EV300 分线盒基本原理

（2）直流、交流充电接口

直流充电接口能接收直流充电桩的电能，并通过高压线束将电能输送给动力电池总成，为其充电。

交流充电接口能接收交流充电桩的电能，并通过高压线束将电能输送给车载充电机，车载充电机将交流电转化成直流电再传递给分线盒，分线盒经过直流母线将直流电传递到动力电池，为其充电。交流充电接口充电时能量路线如图3-1-4所示。

图 3-1-4　交流充电接口充电时能量路线

（3）驱动电机三相线

车辆行驶时，电流从动力电池依次经过直流母线、分线盒、电机控制器高压线、电机控制器、电机三相线到达驱动电机，产生驱动力。车辆正常行驶时驱动电机的能量传递路线和车辆减速行驶时能量回收的传递路线相反，如图3-1-5所示。

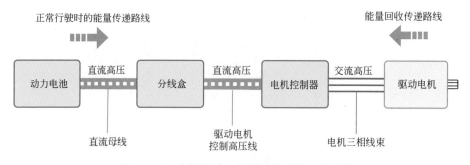

图 3-1-5　车辆行驶和能量回收时的动力传递

3.2 常见电动汽车高压配电系统

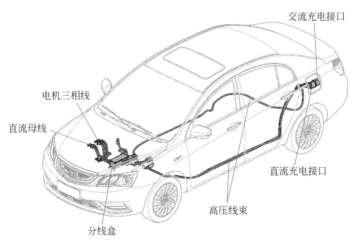

3.2.1 吉利帝豪 EV300

吉利帝豪 EV300 高压配电系统由分线盒、电机三相线、直流母线、交流充电接口、直流充电接口以及高压线束组成，如图 3-2-1 所示。高压配电系统电气原理图如图 3-2-2 所示。

交流充电接口

电机三相线

直流母线

直流充电接口

高压线束

分线盒

图 3-2-1　吉利帝豪 EV300 高压配电系统组成

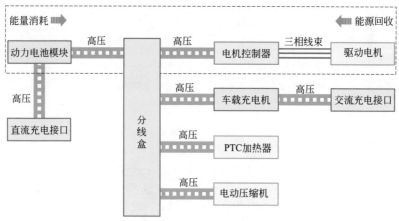

图 3-2-2 吉利帝豪 EV300 高压配电系统电气原理图

分线盒内对电动压缩机回路、PTC 加热器回路、交流慢充回路各设有一个 30A 的熔断器。当上述回路电流超过 90A 时，熔断器会在 15s 内熔断；当回路电流超过 150A 时，熔断器会在 1s 内熔断，保护相关回路。分线盒内部原理参照图 3-1-3 所示。

3.2.2 比亚迪 e6、e5

（1）比亚迪 e6

比亚迪 e6 高压配电箱安装在动力电池后部，拆开后排座椅可以看到高压配电箱，如图 3-2-3 所示。高压配电箱完成整车高压配电的同时还在车载充电器的配合下将充电电流导入动力电池，实现为动力电池充电。比亚迪 e6 高压配电系统如图 3-2-4 所示。

图 3-2-3 比亚迪 e6 高压配电系统配电箱安装位置

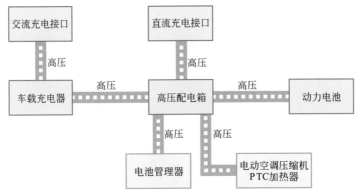

图 3-2-4　比亚迪 e6 高压配电系统

高压配电箱内部安装有熔断器和接触器，外围连接至各高压系统。高压配电箱外围连接如图 3-2-5 所示，内部结构如图 3-2-6 所示。

图 3-2-5　比亚迪 e6 高压配电箱外围连接

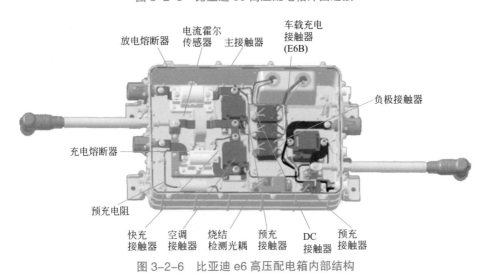

图 3-2-6　比亚迪 e6 高压配电箱内部结构

（2）比亚迪e5

比亚迪 e5 高压配电系统集成在高压电控总成内。高压电控总成安装在前机舱内部。高压电控总成集成双向交流逆变式电机控制模块、车载充电模块、DC/DC转换器模块、高压配电模块和漏电传感器等。

3.2.3　北汽新能源

（1）北汽EV200、EV160

北汽 EV200 电动汽车高压配电系统以高压控制盒为核心，完成动力电池电源的输出及分配，实现对支路用电器的保护及切断。北汽 EV200 高压控制盒安装在前机舱内，同时前机舱内还安装有电机控制器、DC/DC、车载充电机等高压部件，如图 3-2-7 所示。

电机控制器　　高压控制盒　　DC/DC　　车载充电机

图 3-2-7　高压控制盒安装位置

高压控制盒外围插接器由快充插接器、低压控制插接器、高压附件插接器、动力电池插接器和电机控制器插接器组成，如图 3-2-8 所示。

高压控制盒内部由 4 个熔断器、PTC 控制板和快充继电器组成。4 个熔断器分别保护 PTC 电路、电动空调压缩机电路、DC/DC 电路和车载充电机电路。高压控制盒内部结构如图 3-2-9 所示。

（2）北汽EU260

北汽 EU260 高压配电系统集成在 PEU 内部。PEU 将电机控制器、车载充电机、DC/DC 和高压控制盒、快充继电器、熔断器、互锁电路等集成在一起，如图 3-2-10

所示。其中车载充电机和互锁电路在 PEU 另一侧，图中无法看到。

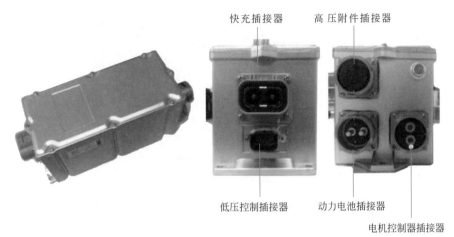

图 3-2-8 高压控制盒外围插接器

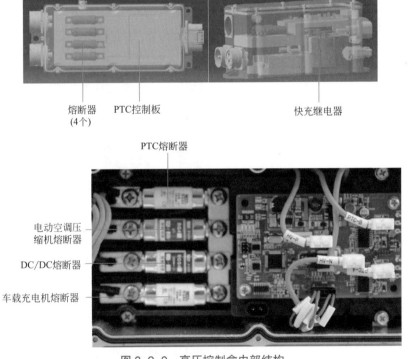

图 3-2-9 高压控制盒内部结构

PEU 内部有 4 个高压熔断器，分别为充电机、PTC 加热器、电动空调压缩机、DC/DC 提供高压电并保护相关电路，如图 3-2-11 所示。

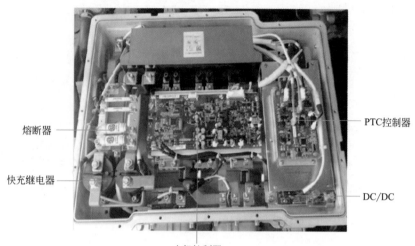

熔断器

PTC控制器

快充继电器

DC/DC

电机控制器

图 3-2-10　北汽 EU260 PEU 组成

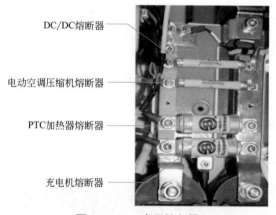

DC/DC熔断器

电动空调压缩机熔断器

PTC加热器熔断器

充电机熔断器

图 3-2-11　高压熔断器

 ### 3.2.4　荣威 E50

荣威 E50 高压配电系统由高压配电单元（PDU）、高压配电单元线束、电动空调压缩机线束、PTC 加热器线束、驱动电机线束和充电线束组成，如图 3-2-12 所示。

（1）高压配电单元（PDU）

高压配电单元安装在前机舱内。其主要作用是将动力电池的高压电分配给各高压用电器；同时对电动空调压缩机和 PTC 加热器高压回路进行过流保护。

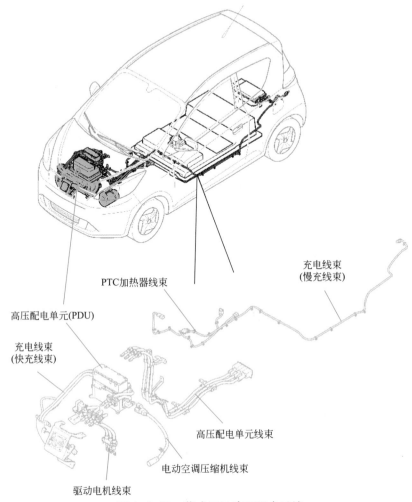

充电线束
(慢充线束)

PTC加热器线束

高压配电单元(PDU)

充电线束
(快充线束)

高压配电单元线束

电动空调压缩机线束

驱动电机线束

图 3-2-12　荣威 E50 高压配电系统

（2）高压配电单元线束

高压配电单元线束安装在车身底板上，连接动力电池和 PDU。其主要功能是将动力电池的高压直流电引入 PDU。

（3）电动空调压缩机线束

电动空调压缩机线束位于前机舱内，连接 PDU 和电动空调压缩机。其主要作用是将高压直流电供给电动空调压缩机。

（4）PTC 加热器线束

PTC 加热器线束布置在从车身前围处到前机舱和底板下，连接 PDU 和 PTC

加热器。其主要作用是将 PDU 的高压直流电供给加热器

（5）驱动电机线束

驱动电机线束位于前机舱，连接 PEB 和驱动电机。其主要作用是将 PEB 上的三相交流电供给驱动电机。

（6）充电线束

快充线束位于前机舱，连接快充接口和 PDU。其作用是将快充接口流入的高压直流电通过 PDU 引入动力电池。

慢充线束位于车底板处至车身后部慢充接口。其作用是将慢充充电器的直流电传给高压电池组。

3.2.5 知豆微行电动汽车

知豆微行电动汽车高压配电系统是以分线盒为核心，起到高压电分配、过流短路保护等功能，为电机控制器及驱动电机、DC/DC 转换器和空调系统等高压用电器提供电源输入，并提供充电机至动力电池的充电输入。知豆微行电动汽车高压配电系统如图 3-2-13 所示。

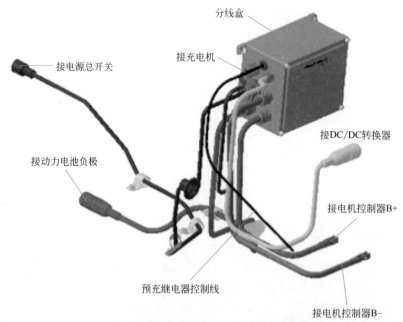

图 3-2-13　知豆微行电动汽车高压配电系统

3.2.6　长安逸动 EV

长安逸动 EV 高压配电系统以高压电器盒为总成核心，将动力电池高压电分配成五路，分别给电机控制器、PTC 加热器、电动空调压缩机、充电机和 DC/DC 转换器提供高压电，其中 PTC 加热器、空调压缩机、充电机和直流变换器各配电支路串接 30A 熔断器，起保护作用，熔断器可以更换。长安逸动 EV 高压配电系统如图 3-2-14 所示。

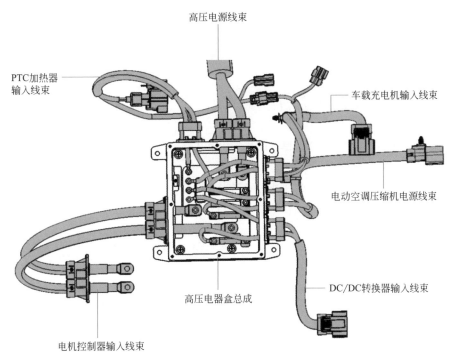

图 3-2-14　长安逸动 EV 高压配电系统

3.2.7　奇瑞 QQ EV

奇瑞 QQ EV 高压配电系统是以接线盒为中心，通过高压电缆将整车各高压用电器连接起来，主要涉及的组件有动力电池、车载充电机、充电接口、PTC 加热器、DC/DC 转换器、电机控制器（MCU）、接线盒等，如图 3-2-15 所示。

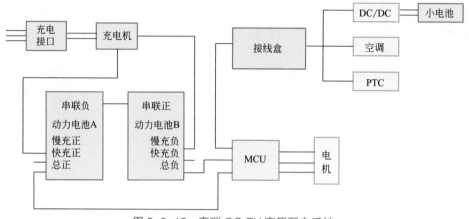

图 3-2-15　奇瑞 QQ EV 高压配电系统

🚗 3.2.8　宝马新能源

宝马电动汽车（宝马 i8、i3、F18 530LePHEV、X1 xDrive 25Le PHEV）的高压配电系统集成于电机电子装置（MEM）中。电机电子装置（MEM）集成了电机控制器、DC/DC、DC/AC、高压电分配管理器等。宝马 X1 xDrive 25Le PHEV 电机电子装置安装位置如图 3-2-16 所示。

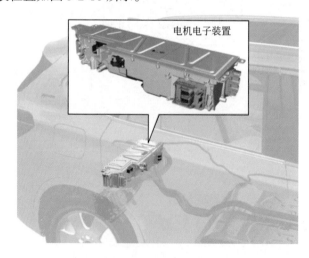

图 3-2-16　宝马 X1 xDrive 25Le PHEV 电机电子装置安装位置

3.3 高压配电系统的更换

3.3.1 分线盒

① 打开前机舱，断开蓄电池负极电缆。按照本书 1.2.3 中所述方法拆卸手动维修开关，全车高压下电。

② 拆卸图 3-3-1 中箭头所指的电机控制器上盖的 8 个螺栓，取下电机控制器上盖。

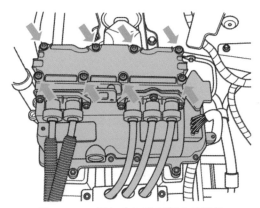

图 3-3-1　拆卸电机控制器上盖螺栓

③ 拆卸分线盒总成外围导线。

a. 分别断开图 3-3-2 所示的分线盒低压线束插接器和分线盒侧直流母线插接器。

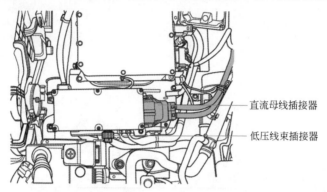

直流母线插接器

低压线束插接器

图 3-3-2　断开低压线束插接器和直流母线插接器

b. 如图 3-3-3 所示，在电机控制器侧先断开分线盒与电机控制器连接的高压线束插接器的 2 个固定螺栓，再断开分线盒与电机控制器连接导线端子的 2 个固定螺栓，最后从电机控制器侧取下线束。

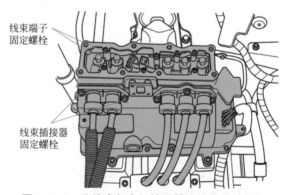

线束端子固定螺栓

线束插接器固定螺栓

图 3-3-3　分线盒与电机控制器连接导线的拆卸

c. 如图 3-3-4 所示从分线盒上先断开 PTC 加热器高压线，再断开充电机高压线，最后断开电动空调压缩机高压线。

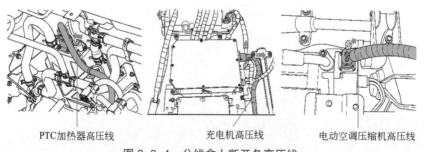

PTC加热器高压线　　　　充电机高压线　　　　电动空调压缩机高压线

图 3-3-4　分线盒上断开各高压线

④ 拆卸分线盒总成。

如图 3-3-5 所示，拆卸 4 个分线盒固定螺栓，脱开线束固定卡扣，取出分线盒总成。

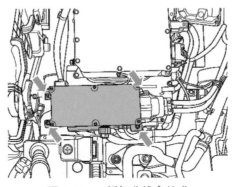

图 3-3-5　拆卸分线盒总成

3.3.2　驱动电机三相线

① 打开前机舱，断开蓄电池负极电缆。按照本书 1.2.3 中所述方法拆卸手动维修开关，全车高压下电。

② 参照图 3-3-1 拆卸电机控制器上盖。

③ 从电机控制器上拆卸驱动电机三相线。如图 3-3-6 所示，先拆卸电机控制器侧驱动电机三相线插接器 3 个固定螺栓，再拆卸三相线端子的 3 个固定螺栓，最后从电机控制器上取下三相线。

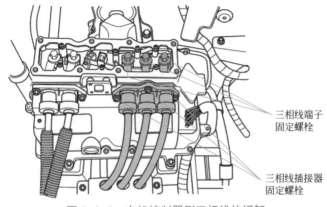

三相线端子
固定螺栓

三相线插接器
固定螺栓

图 3-3-6　电机控制器侧三相线的拆卸

④ 拆卸电机侧三相线。

a. 如图 3-3-7 所示，首先拆卸三相线支架的 2 个固定螺栓，再拆卸三相线插接器的 3 个固定螺栓，最后拆卸电机线束盖板 6 个固定螺栓，取下电机线束板及密封垫。

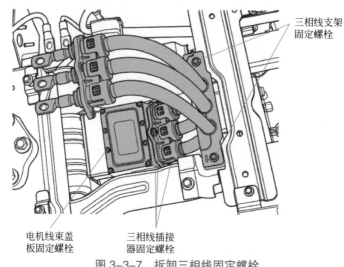

三相线支架
固定螺栓

电机线束盖
板固定螺栓

三相线插接
器固定螺栓

图 3-3-7　拆卸三相线固定螺栓

b. 如图 3-3-8 所示，拆卸三相线 3 个端子的固定螺栓，取下三相线（电机侧）。

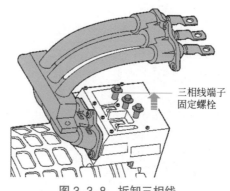

三相线端子
固定螺栓

图 3-3-8　拆卸三相线

3.3.3　直流母线

① 打开前机舱，断开蓄电池负极电缆。按照本书 1.2.3 中所述方法拆卸手动维修开关，全车高压下电。

② 举升车辆。在动力电池侧断开图 3-3-9 中箭头所示的直流母线插接器。

③ 降下车辆。在前机舱分线盒侧断开直流母线插接器，如图 3-3-10 所示

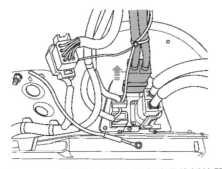
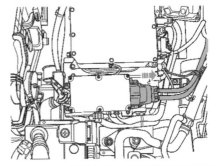

图 3-3-9 断开动力电池侧直流母线插接器　图 3-3-10 断开分线盒侧直流母线插接器

④ 如图 3-3-11 所示，拆卸直流母线固定卡扣，取下直流母线总成。

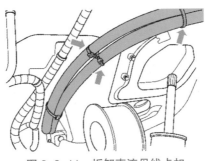

图 3-3-11 拆卸直流母线卡扣

3.3.4 比亚迪 e6 高压配电箱

（1）e6 高压配电箱的更换要点

e6 高压配电箱属于高压危险产品，维修人员在拆装过程需注意以下事项。

① 卸下高压配电箱前应断开电池维修开关，且对开关插座进行覆盖绝缘保护。

② 动力电池动力输出插座必须进行绝缘覆盖保护，避免异物落入造成触电。

③ 拆卸过程中，不得用力拉拔、过度弯曲采样信号线，以防线束受损。

④ 高压配电箱不可随意开盖，要避免异物、液体等进入配电箱内部；拆卸高压配电箱的过程中注意零部件标识，以免遗漏或装错。

⑤ 拆卸和安装高压配电箱的过程中禁止以下情况发生：暴力拆卸、跌落、碰撞、重压组件线路及过度拉扯等非正常工作行为；禁止非工作人员拆卸。

（2）e6 高压配电箱的拆卸流程

e6 高压配电箱的拆卸流程如图 3-3-12 所示。

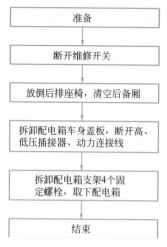

图 3-3-12　e6 高压配电箱的拆卸流程

① 断开维修开关。参见本书 1.2.3 中相关内容。

② 拆卸后排座椅。

a. 取下后排座椅两侧盖板，如图 3-3-13 所示。

图 3-3-13　取下后排座椅两侧盖板

b. 同时拉动座椅两侧弯折处黑色拉绳，并将座椅靠背前倾，如图 3-3-14 所示。

③ 拆卸动力、信号、高压连接线。

a. 打开后备厢，取出物品，如图 3-3-15 所示。

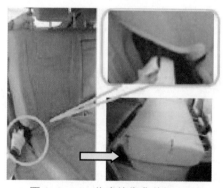

图 3-3-14　将座椅靠背前倾

图 3-3-15　取出后备厢物品

b. 拆卸高压配电箱保护盖板固定螺钉，如图 3-3-16 所示。

c. 拔下高压配电箱保护盖板上的信号连接线插接件，如图 3-3-17 所示。

d. 取出高压配电箱保护盖板，如图 3-3-18 所示。

e. 取下正、负极插接件的红色卡扣，轻提黑色卡扣，听到"咔"声后，拔下插接件，如图 3-3-19 所示。拆下正、负极引出固定板，对正、负极接口用保护套保护，如图 3-3-20 所示。

图 3-3-16 拆卸高压配电箱保护盖板固定螺钉

图 3-3-17 拔下信号连接线插接件

图 3-3-18 取出保护盖板

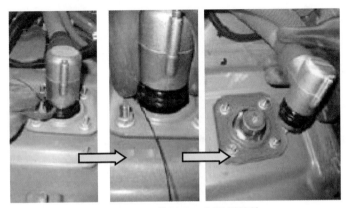

图 3-3-19 拔下正、负极插接件

f. 拆下所有信号线及高压线。

图 3-3-20   保护正、负极接口

④拆卸高压配电箱。拆卸高压配电箱的 4 个固定螺栓，取下高压配电箱。

3.4 高压配电系统常见故障诊断与排除

 3.4.1　高压配电系统故障案例

（1）充电线束造成的仪表显示READY但车辆无法行驶故障

故障现象：

北汽 E150EV 纯电动车使用充电桩充满电时，充电口盖关闭，将点火开关置于 ON 挡以后，仪表显示 READY，整车系统故障灯亮，动力电池断开报警，车辆无法行驶。

诊断思路：

可能原因有动力电池故障、挡位开关故障、电机控制器故障、微动开关故障。

故障诊断与排除：

经过试车此故障现象出现，使用故障诊断仪检测出故障码 P0035（预充电故障），经过对故障码的分析，初步判断为电机控制器故障。将电机控制器低压插头拔下后，万用表旋至直流电压挡，将万用表的两表笔分别与电机控制器线束输入端的端子 64 和 E2 连接，显示 13.5V，属正常，检查低压熔丝盒内充电继电器

J2 正常，再检查充电线束微动开关，将万用表的两表笔分别与微动开关两触点相连测量通断，测量以后发现微动开关损坏，造成车辆失高压不能行驶。更换充电线束，故障解决。

（2）高压电路绝缘故障

故障现象：

北汽 E150EV 点火开关至 ON 挡，仪表显示整车系统故障、动力电池故障、绝缘低故障灯亮。

诊断思路：

可能原因有高压电路绝缘故障、动力电池内部绝缘故障、电机绝缘故障、空调压缩机绝缘故障、PTC 绝缘故障、真空泵控制器故障。

故障诊断与排除：

将车辆下电，断开低压蓄电池负极，再拔下动力电池端高压线束，用绝缘表检测动力电池输出端的绝缘情况，结果显示绝缘电阻正常，可以断定是动力电池以外部分的绝缘故障。依次检测高压控制器及高压线束、空调压缩机及高压线束、PTC 高压线束、DC/DC 及高压线束、充电机及高压线束、驱动电机控制器及高压线束。结果检测驱动电机高压线束到电机部分显示绝缘电阻为 0，拆下电机端连接线再次测量电机高压线束绝缘电阻为 0，测量电机接线端绝缘电阻正常。确定电机高压线束绝缘故障，更换电机高压线束，故障排除。

3.4.2　高压配电系统常见故障

（1）充电机回路故障

充电机回路故障主要表现为插上充电枪后，动力电池不充电、充电灯不亮、充电机保护等。常见故障点有分线盒熔断器熔断、充电回路断路、充电回路绝缘故障、充电回路短路故障和分线盒故障等。充电机回路电路简图如图 3-4-1 所示，故障诊断与排除流程如图 3-4-2 所示。

注意：在诊断前，观察故障诊断仪的数据列表，分析各项数据的准确性，这样有助于快速排除故障。

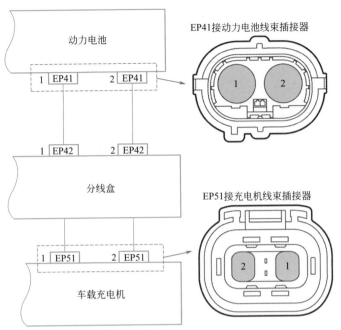

图 3-4-1　充电机回路电路简图

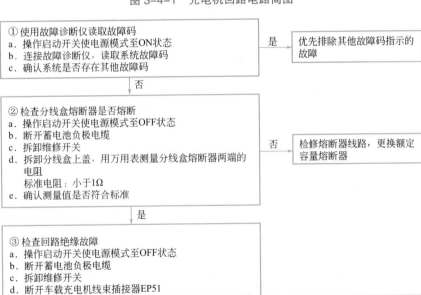

图 3-4-2

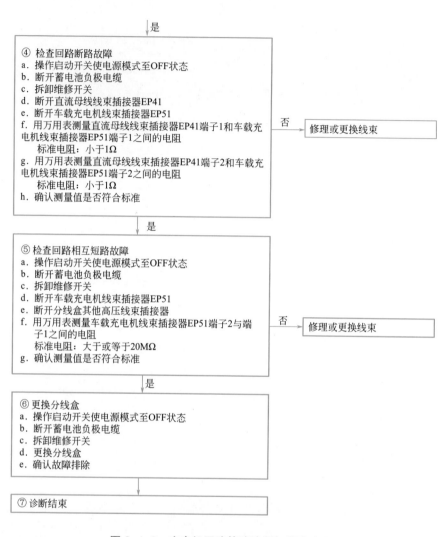

④ 检查回路断路故障
a. 操作启动开关使电源模式至OFF状态
b. 断开蓄电池负极电缆
c. 拆卸维修开关
d. 断开直流母线线束插接器EP41
e. 断开车载充电机线束插接器EP51
f. 用万用表测量直流母线线束插接器EP41端子1和车载充电机线束插接器EP51端子1之间的电阻
  标准电阻：小于1Ω
g. 用万用表测量直流母线线束插接器EP41端子2和车载充电机线束插接器EP51端子2之间的电阻
  标准电阻：小于1Ω
h. 确认测量值是否符合标准

否 → 修理或更换线束

⑤ 检查回路相互短路故障
a. 操作启动开关使电源模式至OFF状态
b. 断开蓄电池负极电缆
c. 拆卸维修开关
d. 断开车载充电机线束插接器EP51
e. 断开分线盒其他高压线束插接器
f. 用万用表测量车载充电机线束插接器EP51端子2与端子1之间的电阻
  标准电阻：大于或等于20MΩ
g. 确认测量值是否符合标准

否 → 修理或更换线束

⑥ 更换分线盒
a. 操作启动开关使电源模式至OFF状态
b. 断开蓄电池负极电缆
c. 拆卸维修开关
d. 更换分线盒
e. 确认故障排除

⑦ 诊断结束

图 3-4-2　充电机回路故障诊断与排除流程

（2）压缩机回路故障

压缩机回路故障主要表现为压缩机不工作、压缩机无电压供电。故障点主要有分线盒内熔断器熔断及高压供电回路断路、短路、绝缘故障等。压缩机回路电路简图如图 3-4-3 所示，故障诊断与排除流程如图 3-4-4 所示。

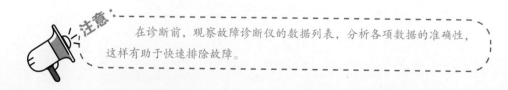

在诊断前，观察故障诊断仪的数据列表，分析各项数据的准确性，这样有助于快速排除故障。

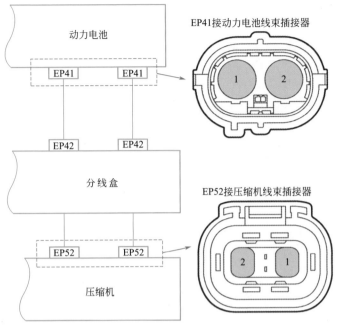

图 3-4-3 压缩机回路电路简图

①使用故障诊断仪读取故障码
a．操作启动开关使电源模式至ON状态
b．连接故障诊断仪，读取系统故障码
c．确认系统是否存在其他故障码

→ 是 → 优先排除其他故障码指示的故障

否 ↓

②检查分线盒熔断器是否熔断
a．操作启动开关使电源模式至OFF状态
b．断开蓄电池负极电缆
c．拆卸维修开关
d．拆卸分线盒上盖，用万用表测量分线盒熔断器两端的电阻
　标准电阻：小于1Ω
e．确认测量值是否符合标准

→ 否 → 检修熔断器线路，更换额定容量熔断器

是 ↓

③检查回路绝缘故障
a．操作启动开关使电源模式至OFF状态
b．断开蓄电池负极电缆
c．拆卸维修开关
d．断开压缩机线束插接器EP52
e．用万用表测量压缩机线束插接器EP52端子1和分线盒壳体之间的电阻
　标准电阻：大于或等于20MΩ
f．用万用表测量压缩机线束插接器EP52端子1和分线盒壳体之间的电阻
　标准电阻：大于或等于20MΩ
g．确认测量值是否符合标准

→ 否 → 修理或更换线束

是 ↓

图 3-4-4

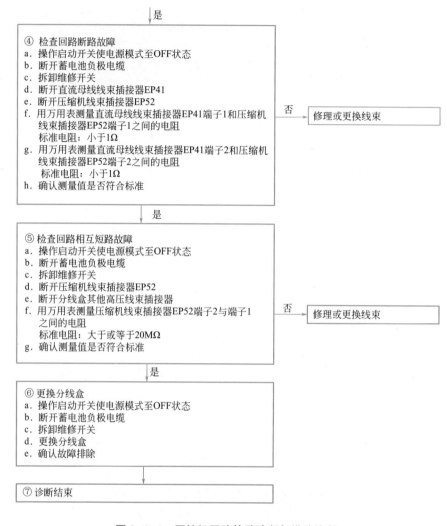

图 3-4-4　压缩机回路故障诊断与排除流程

（3）PTC加热器回路故障

PTC加热器回路故障主要表现为空调暖风系统不制暖。主要故障点为分线盒内PTC熔断器熔断及PTC回路出现断路、短路、绝缘故障等。PTC加热器回路电路简图如图3-4-5所示，故障诊断与排除流程如图3-4-6所示。

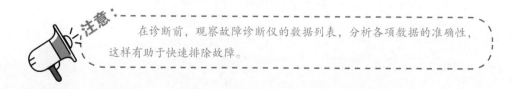

注意：　在诊断前，观察故障诊断仪的数据列表，分析各项数据的准确性，这样有助于快速排除故障。

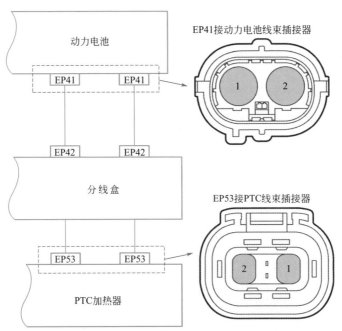

图 3-4-5　PTC 加热器回路电路简图

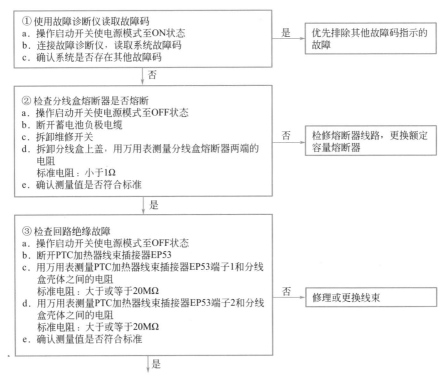

图 3-4-6

是

④ 检查回路断路故障
a. 操作启动开关使电源模式至OFF状态
b. 断开蓄电池负极电缆
c. 拆卸维修开关
d. 断开直流母线线束插接器EP41
e. 断开PTC加热器线束插接器EP53
f. 用万用表测量直流母线线束插接器EP41端子1和PTC加
　热器线束插接器EP53端子1之间的电阻
　标准电阻：小于1Ω
g. 用万用表测量直流母线线束插接器EP41端子2和PTC加
　热器线束插接器EP53端子2之间的电阻
　标准电阻：小于1Ω
h. 确认测量值是否符合标准

否 → 修理或更换线束

是

⑤ 检查回路相互短路故障
a. 操作启动开关使电源模式至OFF状态
b. 断开蓄电池负极电缆
c. 拆卸维修开关
d. 断开PTC加热器线束插接器EP53
e. 断开分线盒其他高压线束插接器
f. 用万用表测量PTC加热器线束插接器EP53端子2与端
　子1之间的电阻
　标准电阻：大于或等于20MΩ
g. 确认测量值是否符合标准

否 → 修理或更换线束

是

⑥ 更换分线盒
a. 操作启动开关使电源模式至OFF状态
b. 断开蓄电池负极电缆
c. 拆卸维修开关
d. 更换分线盒
e. 确认故障排除

⑦ 诊断结束

图 3-4-6　PTC 加热器回路故障诊断与排除流程

第 4 章

驱动系统

Chapter 4

4.5　驱动系统维修要点及常见故障诊断与排除

4.4　电动车单速变速器（减速器）

4.3　驱动电机控制器

4.2　常见电动汽车驱动电机

4.1　电动汽车驱动系统概述

4.1 电动汽车驱动系统概述

电动汽车驱动系统主要由驱动电机、电机控制器、变（减）速器等组成。

（1）驱动电机

驱动电机是整车的动力核心，相当于燃油车的发动机，将动力电池提供的电能转换成动能通过减速器、半轴驱动电动汽车行驶。

（2）电机控制器

根据制动踏板和加速踏板的输入信号，电机控制器发出相应的控制指令来控制驱动电机的转速及旋转方向，从而驱动电动汽车的行驶。

（3）减速器

减速器是将电机的高速运转通过齿轮传动变成低速大转矩动能的装置。它不同于传统汽油车的变速箱，减速器只有固定减速比，没有调速功能，速度以及方向的变化是通过电机来实现的。

4.1.1 混合动力汽车驱动系统

（1）串联式混合动力驱动

车辆的驱动力只来自驱动电机。发动机带动发电机发电，电能通过驱动电机控制器输送给驱动电机，由驱动电机驱动车辆行驶。此外动力电池也可以单独向驱动电机提供电能驱动汽车行驶，如图 4-1-1 所示。应用车型有雪佛兰 VOLT、广汽新能源 AG 等。

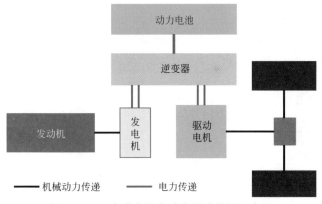

图 4-1-1　串联式混合动力驱动单元示意图

（2）并联式混合动力驱动

车辆的驱动力由发动机和驱动电机共同提供。可以单独使用发动机或驱动电机作为动力源，也可以同时使用驱动电机和发动机作为动力源驱动汽车行驶，如图 4-1-2 所示。应用车型有奥迪 Q5 hybrid quattro、宝马 F18 PHEV 等。

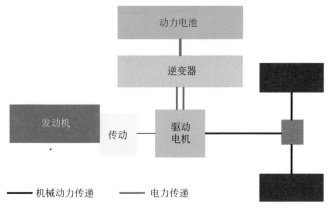

图 4-1-2　并联式混合动力驱动单元示意图

（3）混联式混合动力驱动

具备串联式和并联式两种结构的混合动力汽车，其特点是可以在串联混合模式下工作，也可以在并联混合模式下工作。混联式混合动力系统多了动力分配装置，动力一部分用于驱动车轮，另一部分用于发电，如图 4-1-3 所示。应用车型有丰田普锐斯、凯美瑞、卡罗拉双擎、雷凌双擎等。

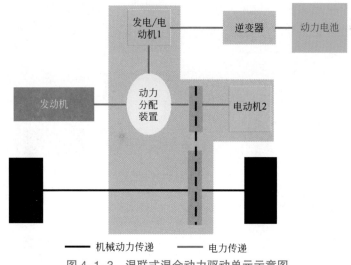

图 4-1-3　混联式混合动力驱动单元示意图

🚗 4.1.2　电动汽车驱动系统

　　纯电动汽车以驱动电机作为动力源，没有混合动力汽车驱动单元内部需要兼顾内燃机与电力驱动两个动力的复杂连接结构。即便是部分安装有发动机的增程电动车，发动机不参与动力传递，只是带动发电机为动力电池补充电能。

　　纯电动汽车驱动单元主要包括大功率的驱动电机和用于对驱动电机进行减速的行星齿轮减速机构，或者其他形式的减速齿轮机构，同时根据驱动单元的设计不同，有的车辆驱动单元还包括差速机构。纯电动汽车的驱动单元基本结构如图 4-1-4 所示。

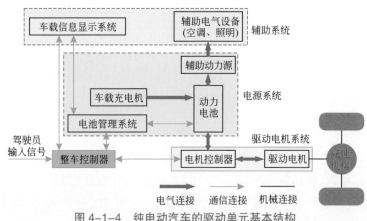

图 4-1-4　纯电动汽车的驱动单元基本结构

4.2 常见电动汽车驱动电机

驱动电机是电动汽车"大三电"核心部件之一，是车辆行驶的主要执行机构，其特性决定了车辆的主要性能指标，直接影响车辆动力性、经济性和舒适性。电动汽车的电驱动系统由驱动电机、电机控制器、减速机构和冷却系统组成，通过高、低压线束及冷却管路与整车其他系统连接。

（1）比亚迪 e6

比亚迪 e6 驱动电机和变速箱组成动力总成，安装在车辆前部。其外观如图 4-2-1 所示，参数见表 4-2-1。

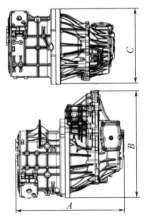

图 4-2-1　比亚迪 e6 驱动电机和变速器总成外观

表 4-2-1　比亚迪 e6 驱动电机及变速器参数

技术指标	技术参数	技术指标	技术参数
电机最大输出转矩	450N·m	总传动比	6.417
电机最大输出功率	120kW	传动比	1.667
电机最大输出转速	7500r/min	主减速传动比	3.85
动力总成质量	130kg	变速箱润滑油量	3.7L
电机油量	2L	动力总成外形尺寸（A×B×C）	624mm×598mm×420mm

图 4-2-2　比亚迪 e6 驱动电机带绕组定子铁芯及转子绕组示意图

比亚迪 e6 采用交流无刷永磁同步电机，额定功率为 75kW，最大功率为 120kW，电机由外圈定子和内圈转子组成，如图 4-2-2 所示。驱动电机是汽车的唯一动力源，可向外输出转矩，驱动汽车前进和后退。同时也可以作为发电机发电，在高坡下滑、高速滑行以及制动过程中把势能或者动能通过电机转化为电能存储到动力电池中。比亚迪 e6 驱动电机具有高密度、小型轻量化、高效率、高可靠性、高耐久性和强适应性等特点。

（2）吉利帝豪 EV300

吉利帝豪 EV300 采用永磁交流同步驱动电机，驱动电机安装位置如图 4-2-3 所示。驱动电机由转子总成、旋变转子、定子壳体总成以及前、后端盖等组成，如图 4-2-4 所示。驱动电机参数见表 4-2-2。

驱动电机

图 4-2-3　吉利帝豪 EV300 驱动电机安装位置

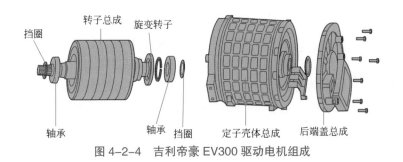

图 4-2-4　吉利帝豪 EV300 驱动电机组成

表 4-2-2　吉利帝豪 EV300 驱动电机参数

技术指标	技术参数
额定功率	42kW
峰值功率	95kW
额定转矩	105N·m
峰值转矩	240N·m
额定转速	4000r/min
峰值转速	11000r/min
电机旋转方向	从轴伸端看电机逆时针旋转
温度传感器类型	NTC

　　驱动电机工作原理如下。当由电机控制器提供的三相交流电被接入到定子线圈中，即产生了旋转的磁场，这个旋转的磁场牵引转子内部的永磁体，产生和旋转磁场同步的转矩，如图 4-2-5 所示

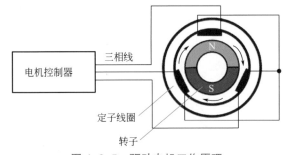

图 4-2-5　驱动电机工作原理

　　使用旋转变压器检测转子的位置和电流传感器检测线圈的电流，从而控制驱

动电机的转矩输出。

旋变信号的作用是反映驱动电机转子当前的旋转相位，电机控制器通过旋变信号计算当前的驱动电机转速。帝豪EV300采用磁阻式旋转变压器，结构如图4-2-6所示。旋变转子与驱动电机转子同轴连接，随电机转轴旋转。旋变定子内侧有感应线圈，安装在驱动电机定子上。驱动电机旋转时，带动旋变转子旋转。旋转变压器与电机控制器通过6根低压线束连接，2根传送电机控制器激励信号，另外4根分别传送旋转变压器输出的正弦信号和余弦信号。6根线中任何一根出现故障都会导致驱动电机无法正常工作。

（3）荣威E50

荣威E50驱动电机为三相交流电机，受电力电子箱（PEB）控制，是整车动力源。动力电机的参数见表4-2-3，安装位置和控制框图分别如图4-2-7和图4-2-8所示。

表 4-2-3　荣威 E50 驱动电机参数

技术指标	技术参数	技术指标	技术参数
工作电压范围	250～345V	电机控制器输入额定电压	280V
峰值相电压	200A（有效值）	绕组接法	Y
持续功率/峰值功率	28kW/52kW	相间电阻	27MΩ
额定转速/峰值转速	（3000r/min）/（8000r/min）	电机质量	≤38.5kg
防护等级	IP67		

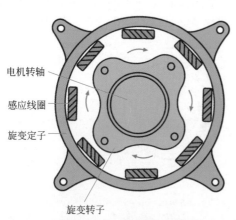

图 4-2-6　旋转变压器结构

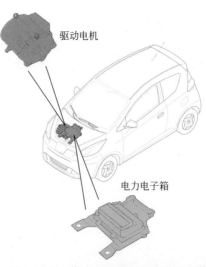

图 4-2-7　荣威 E50 驱动电机安装位置

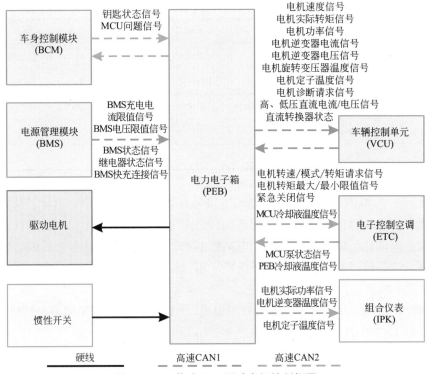

图 4-2-8　荣威 E50 驱动电机控制框图

（4）北汽 EV200、EU260

北汽 EV200 电动汽车采用永磁同步电机作为驱动电机。北汽 EV200 驱动电机系统由驱动电机（DM）、电机控制器（MCU）构成，通过高、低压线束及冷却管路与整车其他系统连接，如图 4-2-9 所示。驱动电机参数见表 4-2-4。

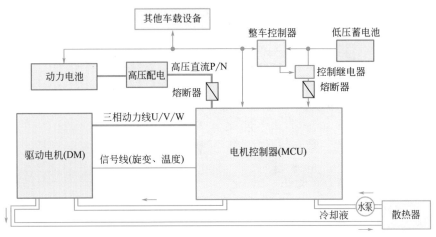

图 4-2-9　北汽 EV200 驱动电机系统连接示意图

表 4-2-4　北汽 EV200、EU260 驱动电机参数

技术指标	技术参数	技术指标	技术参数
类型	永磁同步	额定转矩	102N·m；145N·m（EU260）
基速	2812r/min；3300r/min（EU260）	峰值转矩	180N·m；260N·m（EU260）
转速范围	0～9000r/min；10000r/min（EU260）	质量	45kg
额定功率	30kW；50kW（EU260）	防护等级	IP67
峰值功率	53kW；90kW（EU260）		

　　北汽 EV200 电动汽车采用的驱动电机具有效率高、体积小、重量轻及可靠性高等优点，是动力系统的重要执行机构，是电能与机械能转化的部件，且自身的运行状态等信息可以被采集到驱动电机控制器，依靠内置传感器来提供电机的工作信息。这些传感器包括：旋转变压器，用以检测电机转子位置，控制器解码后可以获知电机转速；

　　温度传感器，用以检测电机的绕组温度，控制器可以保护电机避免过热。

　　北汽 EV200 驱动电机的结构如图 4-2-10 所示。

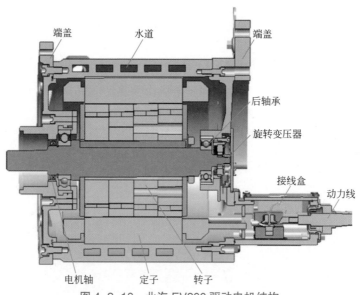

图 4-2-10　北汽 EV200 驱动电机结构

（5）丰田混合动力车型

　　丰田 THS-Ⅱ 系统有 MG1 和 MG2 两个电动 / 发电机，均为紧凑、轻型和高效的交流永磁电机，用来驱动车辆和提供再生制动。

两个电动/发电机和复合齿轮式驱动机构封装在一起，构成动力驱动桥，结构如图 4-2-11 所示。

MG1 和 MG2 所使用的转子含有 V 形布局的高磁力永久磁铁，可最大限度地产生磁阻转矩。它们所使用的定子由低铁芯耗损的电磁钢板和可承受高压的电机绕组线束制成。通过上述措施，MG1 和 MG2 可在紧凑结构下实现大功率和高转矩。

MG1 对动力电池再充电并供电以驱动 MG2。此外，通过调节发电量（从而改变发电机转速），MG1 还有效地控制传动桥的无级变速功能。同时，MG1 还可作为起动机来启动发动机。

再生制动过程中，MG2 将车辆的动能转换为电能，并存储到动力电池内。MG1 和 MG2 采用带水泵的水冷式冷却系统，降低工作时的热量。

MG1、MG2 组成的驱动单元在车上的安装位置如图 4-2-12 所示。

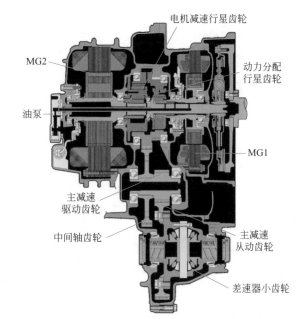

图 4-2-11　MG1、MG2 组成的动力驱动桥

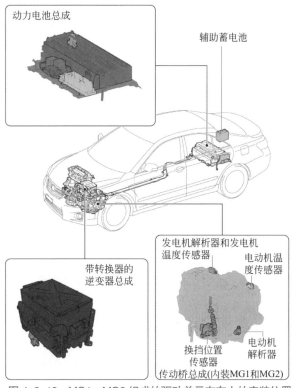

图 4-2-12　MG1、MG2 组成的驱动单元在车上的安装位置

4.3 驱动电机控制器

4.3.1 电机控制器作用及组成

驱动电机控制系统是控制主牵引电源和电机之间能量传输的装置。其主要功能包括车辆的怠速控制、车辆前进（控制电机正转）、车辆倒车（控制电机反转）、DC/AC 等。典型的电机控制系统框图如图 4-3-1 所示。

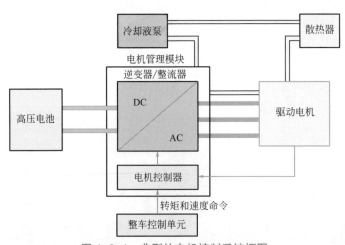

图 4-3-1　典型的电机控制系统框图

4.3.2　常见电动汽车电机控制器

（1）比亚迪 e6 双向逆变充放电式电机控制器（VTOG）

比亚迪 e6 双向逆变充放电式电机控制器（VTOG）是一款高度集成化的新型多功能控制器，其主要功能是电机控制与车辆控制、电网对车辆充电、车辆对电网放电、车辆对用电设备供电以及车辆充放电。驱动电机控制器通过采集加速、制动、挡位、模式等信号控制动力输出，如图 4-3-2 所示。

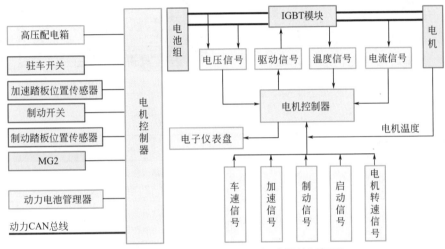

图 4-3-2　比亚迪 e6 VTOG 组成及控制框图

VTOG 安装位置如图 4-3-3 所示，外观如图 4-3-4 所示。在 VTOG 上有低压接口、冷却液进水口和出水口以及高压插接器。

图 4-3-3　比亚迪 e6 VTOG 安装位置

图 4-3-4　比亚迪 e6 VTOG 外观

VTOG 上的低压接口主要为外围低压用电设备提供低压电和接受外围低压设备输入信号。VTOG 工作时会产生大量的热量影响工作安全和效率，为了降低其温度采用了水冷式冷却方式，VTOG 壳体上有冷却液进出管道，如图 4-3-5 所示，低压接口端子标号如图 4-3-6 所示，低压接口端子定义见表 4-3-1。

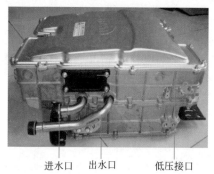

进水口　出水口　　低压接口

图 4-3-5　低压接口及冷却液进水口和出水口

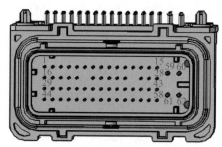

图 4-3-6　低压接口端子标号

表 4-3-1　低压接口端子定义

端子	定义	参数	端子	定义	参数
1	励磁 EXCOUT+	与励磁（-8.1±2）Ω	13	加速踏板位置电源地 2GND	
2	励磁 EXCOUT-	与励磁（+8.1±2）Ω	14	制动踏板位置电源地 2GND	
3	电机温度开关地 GND1		15	加速踏板位置电源地 1GND	
4	空		16	正弦 SIN+	与正弦（-14±4）Ω
5	空		17	正弦 SIN-	与正弦（+14±4）Ω
6	空		18	预留	
7	空		19	电机温度开关	低电平有效 <1V
8	空		20	空	
9	空		21	空	
10	制动屏蔽地 GND		22	经济 / 运动模式输出	低电平有效 <1V
11	加速屏蔽地 GND		23	充电电流确认信号 CP	
12	制动踏板位置电源地 1GND		24	制动踏板位置电源 1	5V

续表

端子	定义	参数	端子	定义	参数
25	加速踏板位置电源 2	5V	44	旋变屏蔽地 GND	
26	制动踏板位置电源 2	5V	45	电机温度屏蔽地 GND	
27	加速踏板位置电源 1	5V	46	电机绕组温度	
28	加速踏板位置 1		47	CANL 低	
29	余弦 COS-	与余弦（+14±4）Ω	48	CANH 高	
30	余弦 COS+	与余弦（-14±4）Ω	49	美标切换开关 2	低电平有效 <1V
31	空		50	美标 CC 信号	充电枪连接确认信号 CC
32	电机模拟温度地 GND1		51	BCM 信号	给 BCM 低电平有效 <1V
33	CAN 信号屏蔽地 GND		52	充电控制信号	充电枪连接确认信号 CC
34	空		53	脚制动信号	高电平有效 ≥ 9V
35	美标切换开关 1	低电平有效 <1V	54	挡位信号 P	低电平有效 <1V
36	BMS 信号	给电池管理器低电平有效 <1V	55	制动踏板位置 1	
37	仪表信号	给仪表低电平有效 <1V	56	挡位信号 N	低电平有效 <1V
38	经济/运动模式输入	给仪表低电平有效 <1V	57	制动踏板位置 2	
39	手制动信号	低电平有效 <1V	58	外部提供的电源 1（+12V）	+12V 常电
40	挡位信号 D	低电平有效 <1V	59	外部电源地 GND	12V 电源地
41	加速踏板位置 2		60	外部电源地 GND	12V 电源地
42	挡位信号 R	低电平有效 <1V	61	外部提供的电源（ON 挡电）	+12V
43	外部提供的电源地 GND	12V 电源地	62	外部提供的电源（ON 挡电）	+12V

高压插接器以及连接电机的三相电接口如图 4-3-7 和图 4-3-8 所示。

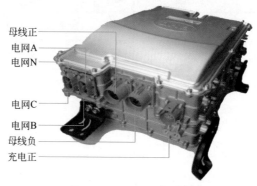

母线正
电网A
电网N

电网C

电网B

母线负

充电正

图 4-3-7　高压插接器

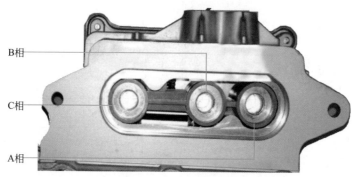

B相

C相

A相

图 4-3-8　三相电接口

（2）吉利帝豪EV300电机控制器

吉利帝豪 EV300 电机控制器安装在前舱内，如图 4-3-9 所示，采用 CAN 通信

电机控制器

驱动电机

图 4-3-9　吉利帝豪 EV300 电机控制器安装位置

控制，控制着动力电池组到电机之间能量的传输，同时采集电机位置信号和三相电流检测信号，精确地控制驱动电机运行。

电机控制器是一个既能将动力电池中的直流电转换为交流电以驱动电机，同时具备将车轮旋转的动能转换为电能（交流电转换为直流电）给动力电池充电的设备。

车辆制动或滑行阶段，电机作为发电机应用。它可以完成由车轮旋转的动能到电能的转换，给电池充电。DC/DC 集成在电机控制器内部，其功能是将电池的高压电转换成低压电，提供整车低压系统供电，如图 4-3-10 所示。

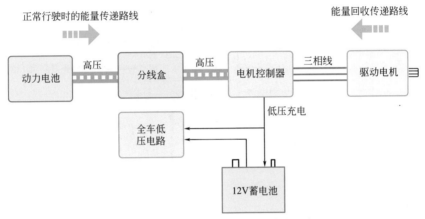

图 4-3-10　能量回收和 DC/DC 功能示意图

电机控制器内部包含 1 个 DC/AC 逆变器和 1 个 DC/DC 直流转换器，逆变器由 IGBT、直流母线电容、驱动和控制电路板等组成，实现直流（可变的电压、电流）与交流（可变的电压、电流、频率）之间的转变。直流转换器由高低压功率器件、变压器、电感、驱动和控制电路板等组成，实现直流高压向直流低压的能量传递。电机控制器还包含冷却器（通冷却液）给电子功率器件散热。电机控制器组成框图如图 4-3-11 所示。

电机控制器上高、低压线束接口及驱动电机三相线接口、冷却管路接口和低压充电（DC/DC）接口分布如图 4-3-12 所示。

① 转矩控制模式：电机控制系统控制电机轴向四象限的转矩。由于没有转矩传感器，转矩指令（由整车控制器发送）被转换成电流指令，并进行闭环控制。转矩控制模式只有在获得正确的初始偏移角度时才能进行。

② 静态模式：在电机控制器（PEU）处于被动状态（待机状态）或故障状态时被激活。

③ 主动放电模式：用于高压直流端电容的快速放电。主动放电指令来自整车控制器的指令或由电机控制器（PEU）内部故障触发。

④ DC/DC 直流转换：电机控制器（PEU）中的 DC/DC 转换器将高压直流端的高压转换成指定的直流低压（12V 低压系统），低压设定值来自整车控制器指令。

⑤ 系统诊断功能：当故障发生时，软件根据故障级别使 PEU 进入安全状态或限制状态。

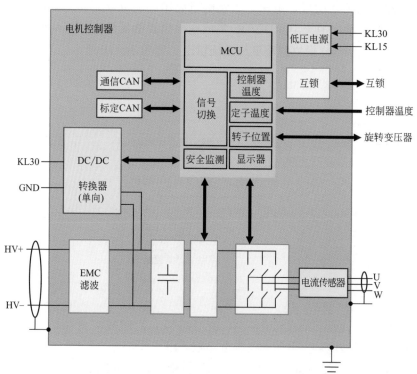

图 4-3-11　吉利帝豪 EV300 电机控制器组成框图

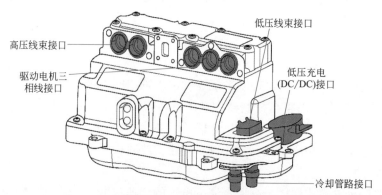

图 4-3-12　吉利帝豪 EV300 电机控制器线束及冷却管路接口

吉利帝豪 EV300 电机控制器电气系统原理图如图 4-3-13 所示。

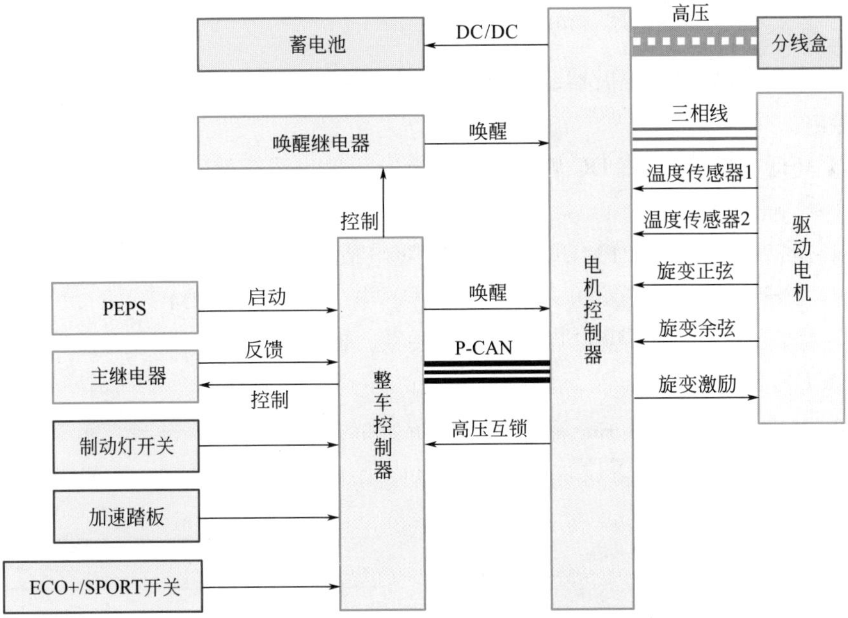

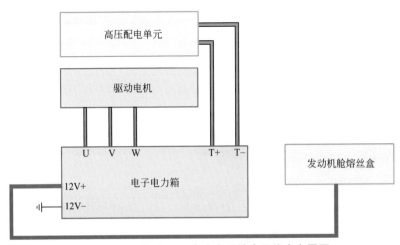

图 4-3-13 吉利帝豪 EV300 电机控制器电气系统原理图

（3）荣威 E50 电机控制器

荣威 E50 的技术资料中将驱动电机控制器命名为电力电子箱（PEB），其高压线束布置图如图 4-3-14 所示。

图 4-3-14 荣威 E50 电力电子箱高压线束布置图

荣威 E50 电力电子箱（PEB）内部集成电机控制器、变极器（逆变器）、DC/

DC 转换器。电力电子箱的作用如下。

①牵引驱动电机：牵引电机在 MCU 的控制下进行高精度和高效能的转矩以及转速调节。

②发电机模式：变极器起到整流作用，将三相高压交流电转换为 310V 的高压直流电。

③高低压转换：DC/DC 转换器低压电电压值为系统设定值，为 13 ～ 14.5V，向 12V 蓄电池充电。

④电源管理模块（PMU）：在快速充电或点火开关打开的状态下，PMU 将通过 VCU 给电力电子箱发送一个目标电压，电力电子箱向 PMU 返回状态值。

⑤空调系统：该系统也与冷却泵有关系，使 PEB 的温度处在合适的区间范围（75℃以下）。

⑥电机温度仪表显示：电机温度仪表显示为 6 段，PEB 将实时向 IPK 发送电机与变极器（逆变器）温度，当温度超过限值时将点亮报警灯。电机温度显示及对应值如图 4-3-15 所示。

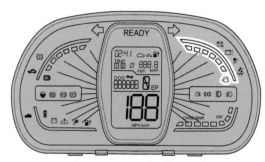

图 4-3-15　电机温度显示及对应值

电机温度显示	电机相应温度
1 格	40℃
2 格	60℃
3 格	85℃
4 格	120℃
5 格	140℃
6 格	155℃

⑦电机功率输出仪表显示：电机功率输出显示为 8 段，如图 4-3-16 所示。

图 4-3-16　电机功率显示及对应值

电机功率显示	电机相应功率
1 格	-10kW
2 格	0kW
3 格	0kW
4 格	10kW
5 格	20kW
6 格	30kW
7 格	40kW
8 格	50kW

电力电子箱高、低压线束连接如图 4-3-17 所示。

图 4-3-17　荣威 E50 电力电子箱高、低压线束连接

高、低压线束连接说明如下。

U/V/W：到驱动电机，行驶时输出 310V 高压交流电。

T+：动力电池通过高压配电单元向 PEB 提供 310V 高压直流电。

T-：高压直流电负极，与车身不通。

KEY OFF 或 ON：T+ 和 T- 之间电压为 0。

KEY CRANK（READY）：T+ 和 T- 之间电压为 310V。

12V+：车辆准备就绪指示灯点亮时，DC/DC 转换器工作向 12V 蓄电池充电。

12V-：12V 电源接地。

电动车单速变速器（减速器）

电机的速度-转矩特性非常适合汽车驱动的需求，纯电动模式下，汽车的驱动系统不再需要多挡位的变速器，驱动系统结构得以大幅简化。由于汽车需要增大电机转矩，所以需要设置一个固定转速比的减速装置，将电机的转速进行一定的降速并增大转矩，以适应汽车多种工况。电动汽车单速变速器是采用固定传动比将电机转速降低并增大转矩装置，不同车型传动比不同。

减速器介于驱动电机和驱动半轴之间，驱动电机的动力输出轴通过花键直接与减速器输入轴齿轮连接。一方面减速器将驱动电机的动力传给驱动半轴，起到降低转速增大转矩的作用，另一方面满足汽车转弯及在不平路面上行驶时，左、右驱动轮以不同的转速旋转，保证车辆的平稳运行。动力传递路线如图4-4-1所示。

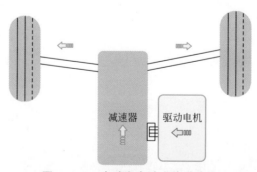

图4-4-1　电动汽车动力传递路线

吉利帝豪 EV300 单速变速器结构如图 4-4-2 所示。主减速比为 8.28 ∶ 1，转速器最高输出转矩为 2500N·m，减速效率大于 90%。

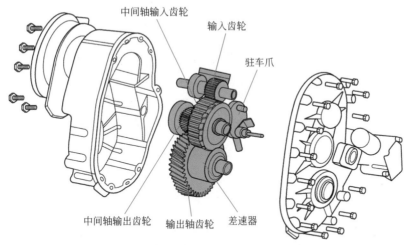

图 4-4-2　吉利帝豪 EV300 单速变速器结构

北汽 EV200、EV160、EU260 电动汽车采用的单速变速器采用左右分箱、两级传动结构设计，具有体积小、结构紧凑的特点，采用前进挡和倒挡共用结构，整车倒挡通过电机反转实现。变速器的最高输入转速为 9000r/min，最大转矩为260N·m，减速比为 7.793 ∶ 1，如图 4-4-3 所示。

图 4-4-3　北汽 EV200、EV160、EU260 单速变速器

日产聆风 / 启辰晨风电动汽车单速变速器传动比为 8.1938 ∶ 1，输入齿轮齿数为 17，主齿轮齿数（输入 / 输出）为 32/17，主减速器齿数为 74。日产聆风 / 启辰晨风电动汽车单速变速器结构如图 4-4-4 所示。

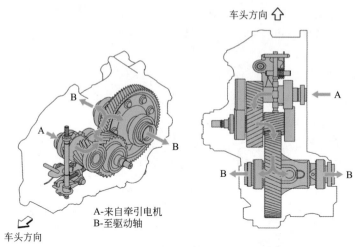

车头方向 ⇧

A-来自牵引电机
B-至驱动轴

车头方向

图 4-4-4　日产聆风／启辰晨风电动汽车单速变速器结构

　　宝马 F49 PHEV 插电式混合动力汽车后桥搭载齿轮齿数比为 12.5 ∶ 1 的固定齿轮齿数比单速变速器。该变速器与电机单独驱动车辆，车速可达 120km/h；与发动机混合驱动，最高车速可达 130km/h；当超过以上速度时，电力驱动不再工作，电机与单速变速器的动力断开。执行这一断开任务的是单速变速器中安装的电机离合器。当超过以上速度时电机离合器分离，切断了通过后桥进行的电力驱动。宝马 F49 PHEV 插电式混合动力车型单速变速器结构如图 4-4-5 所示。

变速器大齿轮

差动器大齿轮

变速器小齿轮

输入轴齿轮

输入轴

电机离合器

图 4-4-5　宝马 F49 PHEV 插电式混合动力车型单速变速器结构

4.5.1 驱动系统维修要点

4.5.1.1 比亚迪 e6 电机控制器（VTOG）

（1）VTOG拆装注意事项

① VTOG 在拆装过程中会损失部分冷却液，安装完成后，需将冷却液添加到应有的水平。

② 安装三相线之前，需先查看三相线线束端插接件内是否有冷却液，如果有，需要先将冷却液擦拭干净再安装。

③ VTOG 安装完成，并确认各线束均安装完备后，将维修开关插好。

④ VTOG 安装完成后，由于仪表需要与 VTOG 匹配，所以需要断开蓄电池，然后再接上，重新上 OK 挡电，观察 OK 灯是否可以点亮，整车是否可以正常运行。

⑤ 需要对整车进行充电尝试，观察车辆是否可以正常充电，仪表是否有正常显示。

⑥ VTOG 安装完成后，需清除 has-hev 和 ESC 的故障码，然后退电，6min 后

再上电确认整车状态。

（2）拆卸

① VTOG 拆装所用工具有诊断仪、十字旋具、大棘轮、加长杆、10mm 套筒、小棘轮、8mm 套筒、冷却液盆。

② 拆卸 VTOG 前，需通过诊断仪清除原车 VTOG 上的电机防盗密码（图 4-5-1）。

a. 连接诊断仪。

b. 选择 G6 车型，进入。

c. 选择防盗匹配，进入。

d. 选择 ECU 密码清除，根据诊断仪的提示进行相应的操作。

e. 清除密码后，需等待 10s 后再断电，保证电机防盗密码清除成功。

功能选择	防盗编程
1/3	
☑ 1. 车型诊断	☑ 1. IK控制器编程
☐ 2. 诊断仪设置	☐ 2. 转向轴锁编程
☐ 3. 故障码查询	☐ 3. 钥匙编程
☐ 4. 智能钥匙VIN读写工具	☐ 4. ECM编程
☐ 5. 飞思卡尔控制器刷新	☐ 5. ECM密码清除
☐ 6. Ti控制器刷新	
☐ 7. 联电K线刷新	
☐ 8. 联电K线刷新测试	
☐ 9. P档刷新	
按【OK】键继续 按【ESC】键返回 按【←】键向前翻页 按【→】键向后翻页	按【OK】键进入下级菜单 按【ESC】键退出

图 4-5-1　清除电机防盗密码

③ 断开维修开关。

a. 打开车内储物盒，并取出内部物品。

b. 取出储物盒底部隔板。

c. 使用十字旋具将盖板螺钉（4 个）拧下，并掀开盖板。

d. 取出维修开关上盖板。

e. 拉动维修开关手柄呈竖直状态，向上提拉，取出维修开关。

f. 使用电工绝缘胶布封住维修开关插接器母端。

④ 将 VTOG 后面的 5 个高压插接件拔下来。

a. 将二次锁死机构（绿色塑料卡扣）向外推，取下，如图 4-5-2 所示。

b. 按住插接件上的卡扣，将插接件用力向外拔出，如图 4-5-3 所示。

图 4-5-2　取下二次锁死机构

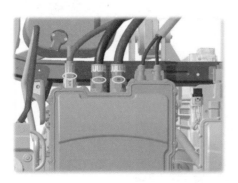 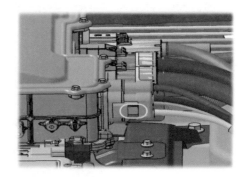

图 4-5-3　取下插接件

插接件不能硬拔，空间较小注意防护手部。

⑤ 将 VTOG 侧面的低压插接件拔下来。

a. 将前舱盖板固定好，如图 4-5-4 所示。

b. 拔出低压插接件（先解除二次锁死机构），如图 4-5-5 所示。

拔低压插接件时需要先松开锁紧保险，注意力度，不要损坏锁紧装置。

⑥ 拆卸 VTOG 固定螺栓。拧开 VTOG 固定螺栓（共 5 个固定螺栓），如图 4-5-6 所示；需要用到的工具包括大棘轮、加长杆、10mm 套筒，如图 4-5-7 所示。后面

2 个螺栓比较难拆，需要将手伸到 VTOG 后面通过大棘轮和 10mm 套筒配合使用，无需加长杆，如图 4-5-8 所示。

图 4-5-4　固定前舱盖板

图 4-5-5　拔出低压插接件

图 4-5-6　固定螺栓位置

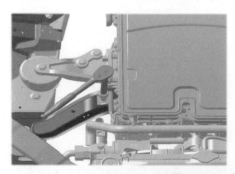

图 4-5-7　拆卸正面固定螺栓

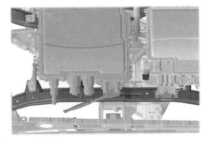

图 4-5-8　拆卸后面固定螺栓

⑦ 拆卸搭铁线螺栓。搭铁在 VTOG 的右侧，需要使用棘轮和 10mm 套筒，如图 4-5-9 所示。

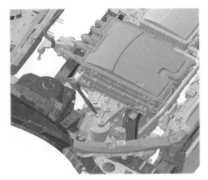

图 4-5-9　拆卸搭铁线螺栓

注意

力矩不用太大，防止拧坏搭铁线。

⑧ 拆卸固定水管螺栓。水管的两个固定螺栓在 VTOG 前侧，需要使用小棘轮和 8mm 套筒拆下，如图 4-5-10 所示。

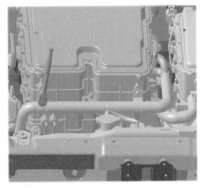

图 4-5-10　拆卸固定水管螺栓

力矩不用太大，防止拧断螺栓。

⑨拆卸水管软管。

a. VTOG 有两个水管软管，上面的为进水管，下面的为出水管，需用卡箍钳将卡箍拆下，如图 4-5-11 所示。

b. 将水管拔出。先拆上面的卡箍，拔出水管，后拆下面的卡箍，拔出水管，如图 4-5-12 所示。

图 4-5-11　取下卡箍

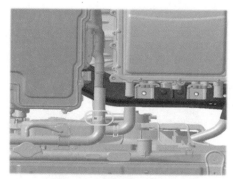
图 4-5-12　拔出水管

需要用冷却液盆接住冷却液，防止飞溅流失，防止高压件进水。

⑩拆卸三相线。

a. VTOG 三相线需最后拆卸，用大棘轮、加长杆和 10mm 套筒，将三相线的固定螺栓拆下，如图 4-5-13 所示。

图 4-5-13　拆下三相线固定螺栓

图 4-5-14　拔下三相线插接件

b. 用力向下将三相线插接件拔下，如图 4-5-14 所示。

注意

　　拔下三相线插接件时需注意，防止冷却液进入三相线插接件。

⑪ 取出 VTOG，如图 4-5-15 所示。

（3）安装

① 安装 VTOG 固定螺栓，如图 4-5-16 所示。

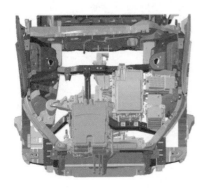

图 4-5-15　取出 VTOG

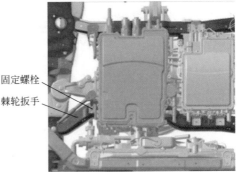

固定螺栓

棘轮扳手

图 4-5-16　安装 VTOG 固定螺栓

② 安装 VTOG 后侧的 5 个高压插接件，如图 4-5-17 所示。

③ 安装三相线，将三相线公端插接器对准 VTOG 上的三相线母端插接器，向上将三相线公端插接器顶入母端插接器，随后旋紧固定螺栓，如图 4-5-18 所示。

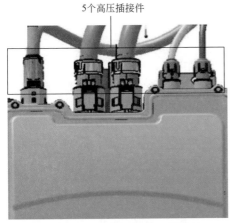

5个高压插接件

图 4-5-17　安装后侧高压插接件

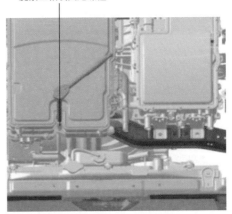

旋紧三相线固定螺栓

图 4-5-18　安装三相线

④ 安装低压插接件，将低压插接件与接口对接好，然后把卡扣掰回原来卡死的位置，听到"咔嗒"声后，将插接件轻轻向外拉一下，检查是否接好，如图 4-5-19 所示；

⑤ 安装 VTOG 搭铁线，如图 4-5-20 所示。

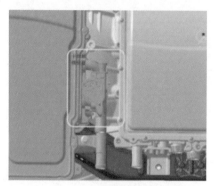

图 4-5-19　安装低压插接件

图 4-5-20　安装 VTOG 搭铁线

⑥ 安装 VTOG 固定水管，如图 4-5-21 所示。

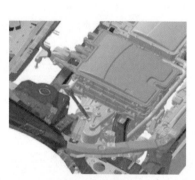

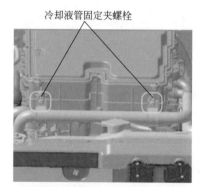

冷却液管固定夹螺栓

图 4-5-21　安装 VTOG 固定水管

```
功能选择
                                    1/3
☑ 1. 车型诊断
□ 2. 诊断仪设置
□ 3. 故障码查询
□ 4. 智能钥匙VIN读写工具
□ 5. 飞思卡尔控制器刷新
□ 6. Ti控制器刷新
□ 7. 联电K线刷新
□ 8. 联电K线刷新测试
□ 9. P档刷新

按【OK】键继续
按【ESC】键返回
按【←】键向前翻页
按【→】键向后翻页
```

图 4-5-22　选择车型诊断

（4）安装后的匹配

① 连接诊断仪。

② 选择车型诊断，如图 4-5-22 所示。

③ 找到防盗编程选项进入，如图 4-5-23 所示。

④ 选择 ECU 防盗匹配，如图 4-5-24 所示。

⑤ 按照匹配步骤将钥匙放在点火开关处。

⑥ 匹配完成后，等待 10s 再退电，保证匹配完成。

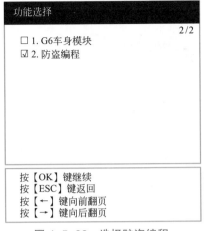

```
功能选择

                                    2/2
   □ 1. G6车身模块
   ☑ 2. 防盗编程




按【OK】键继续
按【ESC】键返回
按【←】键向前翻页
按【→】键向后翻页
```

图 4-5-23　选择防盗编程

```
防盗编程

   ☑ 1. IK控制器编程
   □ 2. 转向轴锁编程
   □ 3. 钥匙编程
   □ 4. ECM编程
   □ 5. ECM密码清除




按【OK】键进入下级菜单
按【ESC】键退出
```

图 4-5-24　选择防盗匹配

4.5.1.2　吉利帝豪 EV300 电机控制器

① 打开前机舱盖，断开蓄电池负极连接线，按照 1.2.3 所述的方法拆卸手动维修开关，全车高压下电。

② 如图 4-5-25 所示，拆卸电机控制器上盖的 8 个螺栓，取下控制器上盖。

③ 首先拆卸如图 4-5-26 所示的驱动电机三相线插接器的 3 个固定螺栓；再拆卸三相线端子的 3 个固定螺栓，从电机控制器上取下三相线。

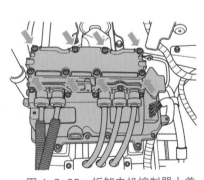

图 4-5-25　拆卸电机控制器上盖

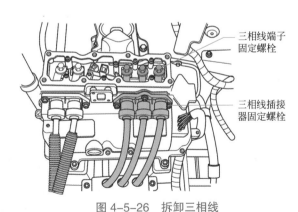

三相线端子
固定螺栓

三相线插接
器固定螺栓

图 4-5-26　拆卸三相线

④ 先拆卸如图 4-5-27 所示的分线盒电机控制器高压线束插接器 2 个固定螺栓；再拆卸分线盒电机控制器高压线束端子的 2 个固定螺栓；最后从电机控制器上取下电机控制器高压线束。

⑤ 先断开如图 4-5-28 所示的电机控制器线束插接器；再拆卸电机控制器的 4 个固定螺栓。

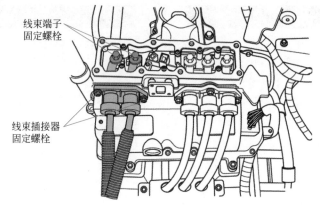

线束端子
固定螺栓

线束插接器
固定螺栓

图 4-5-27　拆卸高压线束

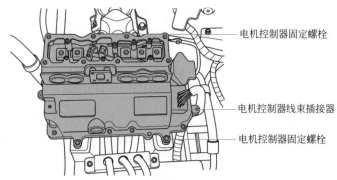

电机控制器固定螺栓

电机控制器线束插接器

电机控制器固定螺栓

图 4-5-28　断开线束插接器，拆卸螺栓

⑥ 取下防尘罩，拆卸如图 4-5-29 箭头处所示的电机控制器搭铁线固定螺母，脱开搭铁线。

图 4-5-29　拆卸搭铁线固定螺母

⑦ 脱开如图 4-5-30 所示的冷却液进、出水管卡箍，从电机控制器上拔下冷却

液进、出水管。

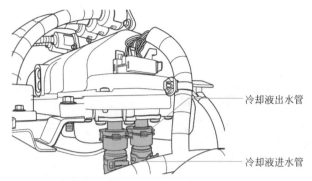

图 4-5-30　拆卸冷却液进出水管

⑧ 取下电机控制器总成。

4.5.1.3　知豆城市微行电动汽车电机控制器

① 将电源总开关推下，整车断电，如图 4-5-31 所示。

② 断开 DC/DC 转换器总成输入端线束插头，如图 4-5-32 所示。

图 4-5-31　关闭整车电源

图 4-5-32　断开输入端线束插头

③ 断开 DC/DC 转换器总成输出端线束插接件，如图 4-5-33 所示。

④ 断开 DC/DC 转换器总成控制线插接件，如图 4-5-34 所示。

图 4-5-33　断开输出端线束插接件

图 4-5-34　断开控制线插接件

⑤拆除DC/DC转换器4个固定螺栓，如图4-5-35所示。拧紧力矩：(9±2)N·m。

⑥取下DC/DC转换器总成。

⑦拆除DC/DC转换器总成支架固定螺栓，将DC/DC转换器总成支架从前机舱盖中取出，如图4-5-36所示。

图4-5-35　拆下转换器固定螺栓

图4-5-36　取出转换器总成支架

⑧断开电机控制器信号线插接件，如图4-5-37所示。

⑨拆除直流接触器负极螺母，断开分线盒负极连接线，如图4-5-38所示。拧紧力矩：(9±2)N·m。

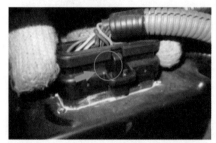
图4-5-37　断开电机控制器信号线插接件

图4-5-38　断开分线盒负极连接线

⑩拆除电机控制器B+固定螺栓，断开分线盒正极连接线，如图4-5-39所示。拧紧力矩：(9±2)N·m。

图4-5-39　断开分线盒正极连接线

图4-5-40　拆除三相线固定螺栓

⑪ 拆除 B+、B– 连接螺栓后，用绝缘胶带包住高压线接头，以防误操作造成短路。

⑫ 拆除 U、V、W 三相线固定螺栓，如图 4-5-40 所示。拧紧力矩：(9±2)N•m。

⑬ 拆除电机控制器散热板上 4 个固定螺栓，将控制器从控制器支架上取出，如图 4-5-41 所示。拧紧力矩：(9±2)N•m。

图 4–5–41　取下电机控制器

安装过程是拆卸步骤的逆过程。

4.5.1.4　北汽 EU260 电机控制器

① 关闭点火开关，拆下低压蓄电池负极连接线，如图 4-5-42 所示。

② 拔下电机控制器高、低压插接件并拆下冷却水管和电机线束，如图 4-5-43 所示。

图 4–5–42　拆下低压蓄电池负极连接线

拔下空调压缩机高压插接件

拆下冷却水管　　拔下快充线束插接件　　拔下电机线束

图 4–5–43　拆除高、低压插接件及冷却水管和电机线束

③ 拆下电机控制器总成安装螺栓，如图 4-5-44 所示。

安装以相反顺序执行，安装完毕后补充冷液。

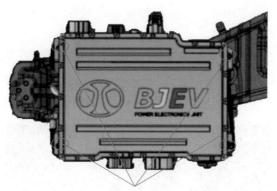

M10mm×25mm螺栓装配，拧紧力矩(65±5)N·m

图 4-5-44　拆下电机控制器总成安装螺栓

 ## 4.5.2　驱动系统常见故障诊断与排除

4.5.2.1　比亚迪 e6 驱动电机常见故障

（1）驱动电机的检查

比亚迪 e6 驱动电机的检查见表 4-5-1。

表 4-5-1　比亚迪 e6 驱动电机的检查

项目	具体内容
驱动电机启动前的检查	①做好励磁装置的调试工作。调试和整定好灭磁、脉冲、投励、移相等装置。调试好后，要检查各装置工作是否正常 ②检查电机定子回路控制开关、操纵装置是否可靠，各保护系统是否正常 ③电机在启动前，首先应采用风压为 0.196～0.294MPa 的干燥压缩空气对电机进行吹扫，并检查绕组绝缘表面等 ④检查冷却系统，检查铁芯状况，检查冷却管道是否打开、水压是否正常、冷却器和管道有无漏水现象 ⑤检查轴承和润滑系统，要求轴承内油质清洁 ⑥清扫和检查启动设备，清查电机和附属设备有无他人正在工作 ⑦测试电机和控制设备的绝缘电阻，并与上次值相对照，应不低于上次测量值的 50%～80%
驱动电机运行中的维护检查	①三相电压不平衡不应大于 5% ②轴承最高温度：滚动轴承为 95℃，滑动轴承为 75℃ ③用温度计法测量，绕组与铁芯的最高温升不应超过 105℃（H 级绝缘） ④环境温度：最低为 5℃，最高为 35℃。长期停用的电机要保存在温度为 5～15℃的环境中 ⑤空气相对湿度应在 75% 以下
停机后的检查	电机停转后，要进行吹扫，详细检查绕组绝缘有无损伤，引线绝缘是否完好，零部件是否有松动，转子支架和机械零部件是否有开焊和裂缝现象，磁轭紧固磁极螺栓、穿芯螺栓是否松动，最后检查轴承状态

（2）驱动电机运行中常见故障及排除方法

比亚迪 e6 驱动电机运行中常见故障及排除方法如表 4-5-2 所示。

表 4-5-2　比亚迪 e6 驱动电机运行中常见故障及排除方法

故障现象	故障原因	处理方法
驱动电机启动困难或不启动	电源电压过低	调整电压到所需值
	驱动电机过载	减轻负载后再启动
	机械卡住	检查后先停车解除机械锁止后再启动驱动电机
驱动电机运行温度升高	负载过大	减轻负载
	驱动电机扫膛	检查气隙及转轴、轴承是否正常
	电机绕组故障	检查绕组是否有接地、断路等故障，若有予以排除
	电源电压过高、过低或三相不平衡	检查电源并调整电压值，使其符合要求
驱动电机运行时振动过大	定子三相电压不对称	检查电源供电三相平衡
	铁芯转动不平衡	重新拧紧拉紧螺杆或在松动的铁芯片中打入楔子固定
	定子绕组并联支路中某支路断裂	检查直流电阻，查出后焊接
	定、转子气隙不均	调整电机气隙，使其均匀
	电机底座和基础板不紧固	紧固电机地脚螺栓，加强基础
	联轴器松动	拧紧连接螺栓，必要时更换螺栓
	转轴弯曲	调直或更新
	转子磁极松动	检查固定键，重新紧固
	负载不平衡	检查机械负载故障并排除
	机组定中心不好	重新定中心
	基础自由振动频率与电机的振动频率接近	改变基础的自由振动频率，使两者不产生共振
	转子不平衡	进行平衡试验

4.5.2.2　知豆微行电动车电机控制器常见故障及排除方法

钥匙打到 ON 挡仪表显示正常，在 D 挡或 R 挡车辆无法行驶，故障排除方法如下。

① 首先确认红色维修开关是处在向上拉起的状态，然后用万用表电压挡测量电机控制器 B+ 与 B- 之间电压。

a. 有 72V 左右高压电，则为电机控制器无低压输入，或低压控制电源电压过低。进一步测量信号插头是否有 12V 低压控制电源，并排查低压控制电源线路故障。

b. 无 72V 左右高压电，则为电机控制器无高压输入。首先将红色维修开关按下，然后打开分线盒，用万用表通断挡测量总正熔断器（300A）通断，若此熔断器完好，则为总正继电器、总负继电器或 BMS 故障，需进一步排查；若此熔断器熔断，用万用表通断挡检测 B+、B- 是否构成短路，若 B+、B- 短路，则总正熔断器熔断是由电机控制器内部短路引起的，应更换电机控制器后再更换新的总正熔断器。

确认电机控制器 B+、B- 有短路现象后，应将红色维修开关按下，若需对故障车辆拖车，必须先将电机控制器 A、B、C 三相线断开，并分别进行绝缘处理，以防发生危险。

② 在整车高压电（72V）和低压电（12V）都正常情况下，确保控制器外部电路连接正确以及 VMS 总成和电机正常，此时车辆无法行驶或执行错误，在排除输入信号故障（加速踏板位置传感器损坏）之后，即可判定是电机控制器故障。

③用故障检测灯（12V 灯泡，或发光二极管）进行检测，端子 32 为"+"，端子 9 为"GND"。故障及指示见表 4-5-3。

表 4-5-3　故障及指示

故障码	故障源	故障指示
12	油门误开	1 长 2 短
13	控制器温度高	1 长 3 短
15	蓄电池电压低	1 长 5 短
16	电机温度高	1 长 6 短
82	蓄电池电压过高	8 长 2 短
83	控制器过温	8 长 3 短
84	电流传感器故障	8 长 4 短
85	电机相电流异常过流	8 长 5 短
86	电机转子位置传感器（霍尔式）故障	8 长 6 短
87	电机过速	8 长 7 短
88	电机过温	8 长 8 短
91	电流传感器初始化故障	9 长 1 短
92	电机转子位置传感器（霍尔式）初始化故障	9 长 2 短

4.5.2.3 电机绝缘阻值检测

绝缘阻值是否合格是判断电机能否启动运行的一个重要条件，尤其是电动汽车用高压电机，如果达不到绝缘阻值标准而强行启动运行，电机将会损坏。吉利帝豪EV300电机控制电路简图如图4-5-45所示，电机绝缘阻值检查流程如图4-5-46所示。

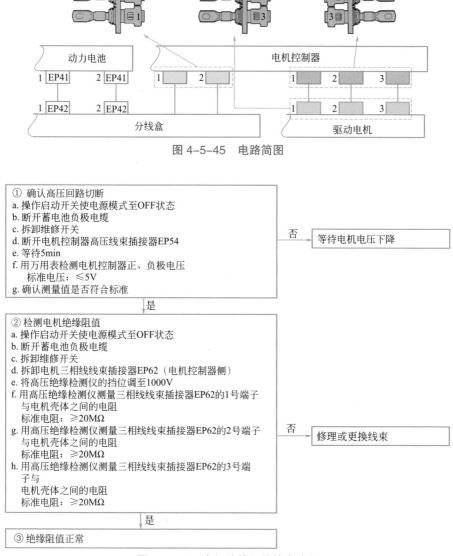

图 4-5-45 电路简图

图 4-5-46 电机绝缘阻值检查流程

4.5.2.4　电机异响、强烈振动或转速和输出功率达不到要求的故障诊断与排除

注意： 驱动电机的电磁噪声在极低速输出大转矩时会变得更加明显。当遇此工况时，电机控制器就会降低IGBT的变换频率，这时就会出现上述状况。这并不意味着电机控制器的特性或控制存在问题。电机异响、强烈振动或转速和输出功率达不到要求故障诊断排除流程如图4-5-47所示。

① 紧固电机固定螺栓
a. 操作启动开关使电源模式至OFF状态
b. 检查电机后端盖与悬挂支架连接螺栓是否紧固
c. 检查电机前端盖与减速器壳体连接螺栓是否紧固

→ 否 → 紧固电机固定螺栓

↓ 是

② 检测电机冷却系统
a. 操作启动开关使电源模式至ON状态
b. 检查冷却管路是否无老化、变形、渗漏
c. 确认水箱、管路是否无水垢、堵塞现象
d. 确认水泵是否工作正常

→ 否 → 优先排除冷却系统故障

↓ 是

③ 检查电机线束插接器
a. 操作启动开关使电源模式至OFF状态
b. 检查电机低压线束插接器是否插接牢固、无松脱
c. 检查电机高压线束插接器是否插接牢固、无松脱

→ 否 → 重新固定插接器

↓ 是

④ 检查驱动电机三相线紧固力矩
a. 操作启动开关使电源模式至OFF状态
b. 断开蓄电池负极电缆
c. 拆卸维修开关
d. 检查三相线固定螺栓的紧固力矩(电机控制器侧)是否符合标准
e. 检查三相线固定螺栓的紧固力矩(电机侧)是否符合标准

→ 否 → 紧固电机三相线

↓ 是

⑤ 检测驱动电机三相线是否相互短路
a. 操作启动开关使电源模式至OFF状态
b. 断开蓄电池负极电缆
c. 拆卸维修开关
d. 断开驱动电机三相线线束插接器EP61
e. 断开驱动电机三相线线束插接器EP62
f. 用万用表按下表进行测量

测量位置A	测量位置B	测量标准值
EP61-1	EP61-2	标准电阻：20kΩ或更高
EP61-1	EP61-3	
EP61-2	EP61-3	

g. 确认测量值是否符合标准

→ 否 → 修理或更换线束

↓ 是

是

⑥ 检测驱动电机三相线绝缘电阻
a. 操作启动开关使电源模式至OFF状态
b. 拆卸维修开关
c. 断开驱动电机三相线线束插接器EP61
d. 断开驱动电机三相线线束插接器EP62
e. 用万用表按下表进行测量

测量位置A	测量位置B	测量标准值
EP61-1	车身接地	标准电阻：20kΩ或更高
EP61-2	车身接地	
EP61-3	车身接地	

f. 确认测量值是否符合标准

否 → 修理或更换线束

是

⑦ 清理检查前、后端盖
a. 拆卸电机
b. 用除锈清洗剂清洗端盖，确认端盖无灰尘、杂物，止口无破损、碰伤
c. 用内径千分尺测量轴承室是否无磨损、失圆，轴承室尺寸是否合格

否 → 修理或更换后端盖

是

⑧ 清理检查水套壳体
a. 拆卸电机
b. 用除锈清洗剂清洗，水套端面要求无灰尘、杂物，止口无破损、碰伤
c. 用密封检测工装检测壳体是否有漏气现象
d. 用水道检测工装检测水道是否有堵塞现象，水道流量是否满足冷却要求
e. 复测转子动平衡，超出规定数值后，需重新标定动平衡量
f. 确认故障是否排除

是 → 诊断结束

否

⑨ 清理检查转子
a. 拆卸电机
b. 用电机专用拆装机拆出转子
c. 用胶带清理转子灰尘、杂物，用除锈清洗剂清除转子锈迹
d. 检测转子，要求铁芯无鼓起、破损、刮蹭
e. 复测转子动平衡，超出规定数值后，需重新标定动平衡量
f. 确认故障是否排除

是 → 诊断结束

否

图 4-5-47

否

⑩ 清理检查定子

a. 拆卸电机

b. 用吸尘器清理定子灰尘，用除锈清洗剂清除定子铁芯的锈迹，要求定子表面无灰尘，定子内圆无刮蹭、杂物，定子线包无损伤，定子绝缘漆无脆裂等

c. 用耐压绝缘表测试耐压、绝缘

d. 用定子综合测试仪测试电性能

e. 更换出线端子

f. 检测温度传感器绝缘

g. 重新更换三相出线和温度传感器出线的绝缘管、热缩管

h. 确认故障是否排除

是 → 诊断结束

否

⑪ 检测旋变定子

a. 拆卸电机

b. 用电阻计检测旋变定子电阻值

c. 用耐压绝缘表测试耐压、绝缘

d. 重新更换旋变信号出线绝缘管、端子

e. 确认故障是否排除

是 → 诊断结束

否

⑫ 更换前、后轴承

a. 拆卸电机

b. 用拉器拆除旧轴承，用专用压装工装压轴承内圈，更换新轴承，轴承必须装配到位

c. 将轴用轴承挡圈安装到位

d. 确认故障是否排除

是 → 诊断结束

否

⑬ 更换驱动电机

a. 操作启动开关使电源模式至OFF状态

b. 断开蓄电池负极电缆

c. 拆卸维修开关

d. 更换驱动电机

e. 确认电动座椅工作正常

⑭ 诊断结束

图4-5-47 电机异响、强烈振动或转速和输出功率达不到要求故障诊断排除流程

冷却系统

Chapter 5

5.1 冷却系统概述

5.2 动力电池冷却系统

5.3 驱动电机、控制器冷却系统

5.4 冷却系统维修要点

5.5 冷却系统常见故障诊断与排除

冷却系统概述

    新能源汽车采用动力电池作为动力源。动力电池在对外放电和充电过程中会产生大量的热。目前大部分新能源汽车动力电池采用锂离子电池。锂离子电池温度过高会引发爆炸，造成车辆损失和人员伤亡；而在低温下锂离子的活性会降低，电池功率降低。因此，动力电池需要降温或保暖。

    驱动电机作为新能源汽车的驱动装置，其转子高速旋转会产生高温，热量通过机体传递，如果不加以降温，驱动电机无法正常工作，所以驱动电机机体内设置有冷却液道，通过冷却液的循环与外界进行热交换，这样能将驱动电机的工作温度保持在一定范围内，防止驱动电机过热。

    车载充电机工作时将高压交流电转化为高压直流电，其转化过程中会产生大量的热，因此车载充电机内部也有冷却液道，通过冷却液的循环降低车载充电机的工作温度。

    电机控制器不但控制驱动电机的高压三相供电，还要将动力电池的高压直流电转化为低压直流电为铅酸蓄电池充电。在此过程中会产生热量，需要通过冷却液循环散热。

    冷却系统的作用就是通过冷却液循环散热为驱动电机、车载充电机、电机控制器、动力电池这四大部件进行散热。

5.2 动力电池冷却系统

5.2.1 动力电池冷却系统的作用

电池组在充、放电时会释放一定的热量，故需要对电池组进行冷却。在低温环境下，需要对电池组进行加热处理，以提高运行效率。

动力电池采用冷却系统的作用是，通过对动力电池冷却或加热，保持动力电池较佳的工作温度，以改善其运行效率并延长动力电池的寿命。

5.2.2 动力电池冷却形式

动力电池冷却系统有空调制冷剂冷却式、水冷式和风冷式。

（1）空调制冷剂冷却式

在高端电动汽车中动力电池内部有与空调系统连通的制冷剂循环回路。宝马i8/i3空调系统的制冷剂循环回路由两个并联支路构成：一个用于车内冷却，一个用于动力电池单元冷却。每条支路都有一个膨胀和截止组合阀，用于相互独立地控制冷却功能。蓄能器管理电子装置可通过施加电压控制并打开动力电池单元上的膨胀和截止组合阀，这样可使制冷剂流入动力电池单元内，在此膨胀、蒸发和吸收环境热量。车内冷却同样根据需要来进行。蒸发器前的膨胀和截止组合阀同样可以电气方式进行控制,由电机电子装置(EME)进行控制。

宝马 i8 动力电池冷却系统原理如图 5-2-1 所示,动力电池冷却系统部件位置如图 5-2-2 所示。

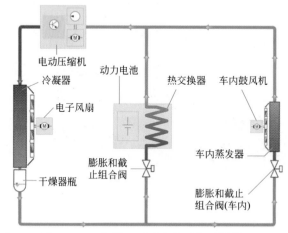

图 5-2-1　宝马 i8 动力电池冷却系统原理

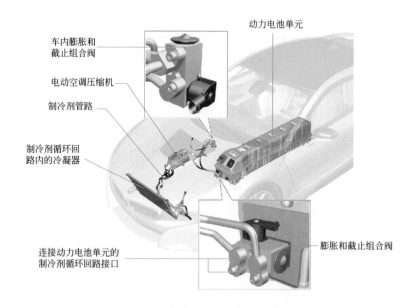

图 5-2-2　宝马 i8 动力电池冷却系统部件位置

将液态制冷剂喷入热交换器内时制冷剂蒸发。蒸发的制冷剂通过这种方式吸收环境空气的热量并使其冷却。之后电动空调压缩机将气态制冷剂压缩至较高压力水平,通过冷凝器将热量排放到环境空气中并使制冷剂重新变为液态聚集状态。

宝马 i8/i3 根据动力电池单元的安装位置采用了两个上下叠加的电池模块。为了确保通过制冷剂可使电池充分冷却，采用了一个两件式热交换器。热交换器分别位于三个上部和三个下部电池模块下方，它由铝合金平管构成，与内部冷却液管路相连。动力电池内部冷却管路如图 5-2-3 所示。

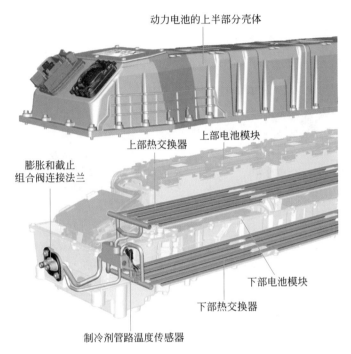

动力电池的上半部分壳体

上部热交换器　　上部电池模块

膨胀和截止
组合阀连接法兰

下部电池模块

下部热交换器

制冷剂管路温度传感器

图 5-2-3　动力电池内部冷却管路

（2）水冷式

水冷式动力电池冷却系统是利用特殊的冷却液在动力电池内部的冷却液管路中流动，将动力电池产生的热量传递给冷却液，从而降低动力电池的温度。

荣威 E50 冷却系统分为两个独立的系统，分别是逆变器（PEB）/ 驱动电机冷却系统、动力电池冷却系统（ESS）。

冷却系统利用热传导的原理，通过冷却液在各个独立的冷却系统回路中循环，使驱动电机、逆变器（PEB）和动力电池保持最佳的工作温度。冷却液是 50% 的水和 50% 的有机酸（OAT）的混合物。冷却液要定期更换才能保持其最佳效率和耐腐蚀性。

荣威 E50 动力电池冷却系统结构如图 5-2-4 所示，主要由膨胀水箱、软管、冷却水泵、动力电池冷却器等组成。

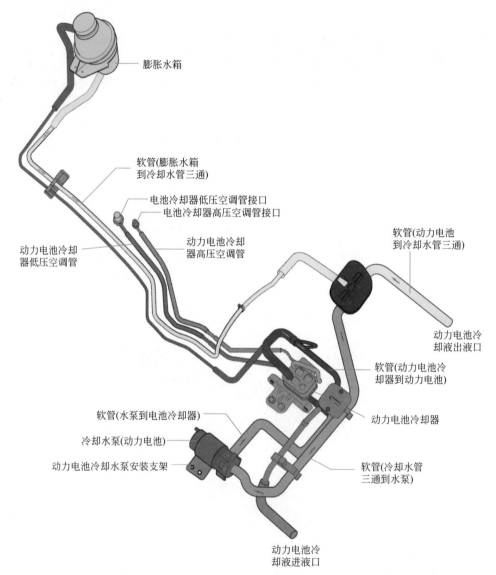

膨胀水箱

软管(膨胀水箱
到冷却水管三通)

电池冷却器低压空调管接口
电池冷却器高压空调管接口

软管(动力电池
到冷却水管三通)

动力电池冷却
器高压空调管

动力电池冷却
器低压空调管

动力电池冷
却液出液口

软管(动力电池冷
却器到动力电池)

软管(水泵到电池冷却器)

动力电池冷却器

冷却水泵(动力电池)

动力电池冷却水泵安装支架

软管(冷却水管
三通到水泵)

动力电池冷
却液进液口

图 5-2-4　荣威 E50 动力电池冷却系统结构

　　膨胀水箱装有泄压阀，安装在逆变器（PEB）托盘上，溢流管连接到电池冷却器的出液管上，出液管连接在冷却水管三通上。膨胀水箱外部带有"MAX"和"MIN"刻度标示，便于观察冷却液液位。

　　橡胶冷却液软管在各组件间传送冷却液，弹簧卡箍将软管固定到各组件上。动力电池冷却系统（ESS）软管布置在前舱内和后地板总成下。

　　动力电池冷却系统冷却水泵通过安装支架由 2 个螺栓固定在车身底盘上，由其运转来循环动力电池冷却系统冷却液。

　　动力电池冷却器是动力电池冷却系统的一个关键部件，它负责将动力电池维持在一个适当的工作温度，使动力电池的放电性能处于最佳状态。动力电池冷却器主要由热交换器、带电磁阀的膨胀阀（TXV）、管路接口和支架组成。热交换器主要用于动力电池冷却液和制冷系统的制冷剂的热交换，将动力电池冷却液中的热量转移到制冷剂中。

　　动力电池冷却系统冷却液循环如图 5-2-5 所示，系统控制如图 5-2-6 所示。BMS 负责控制冷却水泵，冷却水泵会在动力电池温度上升到 32.5℃时开启，在温度低于 27.5℃时关闭，BMS 发出要求动力电池冷却器膨胀阀关闭和水泵运转的信号。

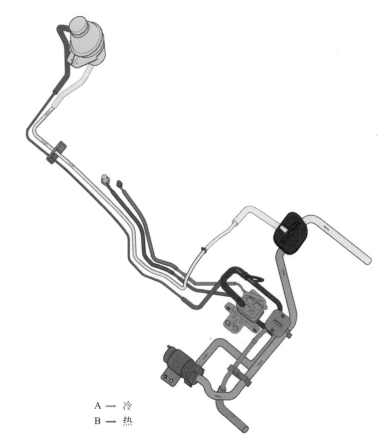

A —— 冷
B —— 热

图 5-2-5　动力电池冷却系统冷却液循环

　　ETC 收到来自 BMS 的膨胀阀电磁阀开启的信号要求，首先打开动力电池冷却器膨胀阀的电磁阀，并向 EAC（电动空调压缩机）发出启动信号。动力电池最适宜温度为 20 ～ 30℃。

　　正常工作时，当动力电池的冷却液温度在 30℃以上时，ETC 会限制乘客舱制冷量，冷却液温度在 48℃以上，ETC 会关闭乘客舱制冷功能，但除霜模式除外。

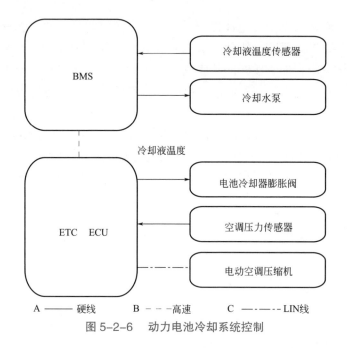

A ——— 硬线　　　B - - - 高速　　　C —·—·- LIN线

图 5-2-6　动力电池冷却系统控制

ETC 只控制冷却液温度。BMS 控制冷却液与 BMS 动力电池内部的热量交换。

当车辆进入快速充电模式时，ETC 会被网关模块唤醒，此时动力电池冷却系统进入正常工作状态。

BMW X1 xDrive 25Le（F49 PHEV）和吉利帝豪 EV300 动力电池冷却系统也采用水冷式冷却形式，不同的是动力电池冷却液通过冷却单元与车内空调系统进行并联，将动力电池冷却液吸收的热量释放出去，动力电池冷却液变冷，再次在动力电池冷却管路中循环。BMW X1 xDrive 25Le（F49 PHEV）冷却系统如图 5-2-7 所示。

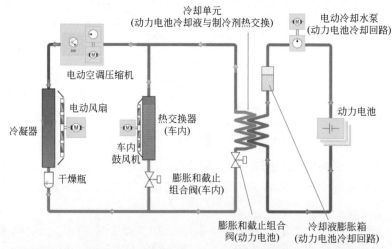

图 5-2-7　BMW X1 xDrive 25Le（F49 PHEV）动力电池冷却系统

（3）风冷式

风冷式动力电池冷却系统是利用散热风扇将来自车厢内部的空气吸入动力电池箱，以冷却动力电池以及动力电池的控制单元等部件。

丰田普锐斯、凯美瑞（混动版）、卡罗拉双擎、雷凌双擎采用风冷式动力电池冷却系统。丰田混合动力车型风冷式动力电池冷却系统如图 5-2-8 所示。

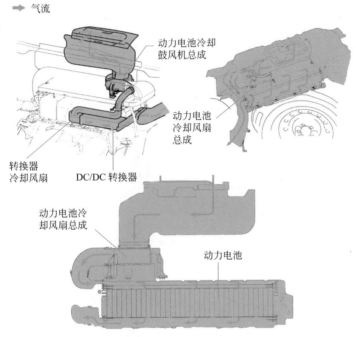

图 5-2-8　丰田混合动力车型风冷式动力电池冷却系统

车厢内部的空气通过位于后窗台装饰板上的进气管流入，向下流经动力电池或 DC/DC 转换器（混合动力车辆转换器），以降低动力电池和 DC/DC 转换器（混合动力车辆转换器）的温度。空气通过排气管从车内排出。

广汽传祺 AG 电动汽车同样采用风冷式动力电池冷却系统，如图 5-2-9 所示。

车厢内部的空气通过位于后窗台装饰板上的进气管流入，向下流经动力电池，以降低动力电池温度，然后经 BMS 及总正、负继电器等，降低各元件的温度后，被冷却风扇抽出，通过排气管从车内排出。

冷却风扇为直流低压风扇，配备独立的 DC/DC 转换器；当冷却风扇工作时，电流从动力电池流出经 DC/DC 转换器将 350V 直流高压电转换成 12 ～ 16V 的直流低压电，提供给冷却风扇。

动力电池 A 和动力电池 B 的冷却路径如图 5-2-10 所示。

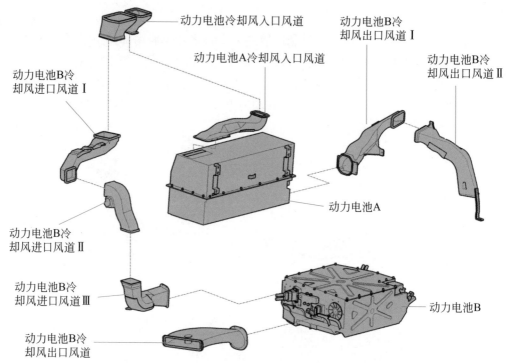

动力电池冷却风入口风道

动力电池B冷却风出口风道Ⅰ

动力电池A冷却风入口风道

动力电池B冷却风出口风道Ⅱ

动力电池B冷却风进口风道Ⅰ

动力电池B冷却风进口风道Ⅱ

动力电池A

动力电池B冷却风进口风道Ⅲ

动力电池B

动力电池B冷却风出口风道

图 5-2-9　广汽传祺 AG 风冷式动力电池冷却系统

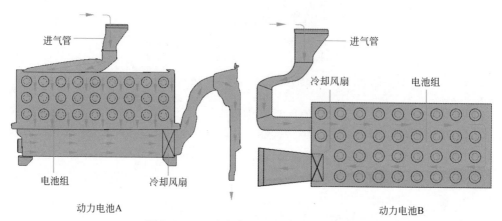

进气管

进气管

冷却风扇

电池组

电池组

冷却风扇

动力电池A

动力电池B

图 5-2-10　动力电池 A 和 B 的冷却路径

5.3 驱动电机、控制器冷却系统

电机作为电动汽车驱动装置可实现极低排放或零排放。电机在驱动与回收能量的工作过程中，定子铁芯和定子绕组在运动过程中都会产生损耗，这些损耗以热量的形式向外发散，需要有效的冷却介质及冷却方式来带走热量，保证电机在一个稳定的冷热循环平衡的通风系统中安全可靠运行。电机冷却系统设计得好坏将直接影响电机的安全运行和使用寿命。图 5-3-1 所示为比亚迪 e6 驱动电机冷却系统原理。

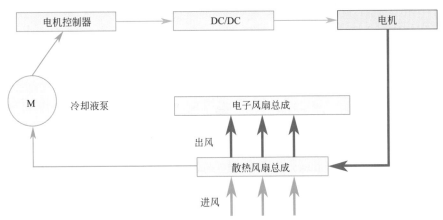

图 5-3-1　比亚迪 e6 驱动电机冷却系统原理

电动汽车驱动电机与控制器的冷却系统主要依靠冷却水泵带动冷却液在冷却

管道中循环流动，通过在散热器的热交换等物理过程，冷却液带走电机与控制器产生的热量。为使散热器热量散发更充分，通常还在散热器后方设置风扇。

5.3.1　电机冷却系统分类

电机在工作时，总是有一部分能量损耗转变成热量，必须通过电机外壳和周围介质不断将热量散发出去，这个散发热量的过程称为冷却。电机主要冷却方式有自然冷却、风冷和水冷，各类型冷却系统组成、特点及应用见表5-3-1。

表 5-3-1　各类型冷却系统组成、特点及应用

类型	组成、特点及应用
自然冷却	依靠电机铁芯自身的热传递，散去电机产生的热量，热量通过封闭的机壳表面传递给周围介质，其散热面积为机壳的表面积，为增加散热面积，机壳表面可加冷却筋 结构简单，不需辅助设施就能实现，但冷却效率差，仅适用于转速低、负载转矩小、电机发热量较小的小型电机
风冷	电机自带同轴风扇来形成内风路循环或外风路循环，通过风扇产生足够的风量，带走电机所产生的热量。介质为电机周围的空气，空气直接送入电机内，吸收热量后向周围环境排出 冷却效果好；可使用风冷却器，采用循环空气冷却器避免腐蚀物和磨粒，有利于提高电机的使用寿命；结构相对简单，电机冷却成本较低。但受环境因素的制约，在恶劣的工业环境中，如高温、粉尘、污垢和恶劣的天气下无法使用风冷。风冷适用于一般清洁、无腐蚀、无爆炸环境下的电机
水冷	将冷却液通过管道和通路引入定子或转子空心导体内部，通过循环的冷却液不断流动，带走电机转子和定子产生的热量，对电机进行冷却 冷却效果比风冷更显著，但需要良好的机械密封装置，冷却液循环系统结构复杂，存在渗漏隐患，如果发生冷却液渗漏，会造成电机绝缘破坏，可能烧毁电机，水质需要处理，其电导率、硬度和pH值都有一定的要求 水冷主要应用于大型机组和高温、粉尘、污垢等恶劣的无法采用自然冷却、风冷的场合，如纺织、冶金、造纸等行业使用的电机

5.3.2　常见车型电机冷却系统

5.3.2.1　荣威 E50

（1）概述

荣威 E50 电动冷却系统分为两个独立的系统，分别是逆变器（PEB）/驱动电机冷却系统、高压电池冷却系统（ESS）。

荣威 E50 逆变器（PEB）/驱动电机冷却系统主要由散热器、冷却风扇、膨胀水箱、冷却水泵、冷却液软管和冷却液温度传感器（图 5-3-2 因角度问题无法看到该传感器）组成，如图 5-3-2 所示。冷却系统部件和功能见表 5-3-2。

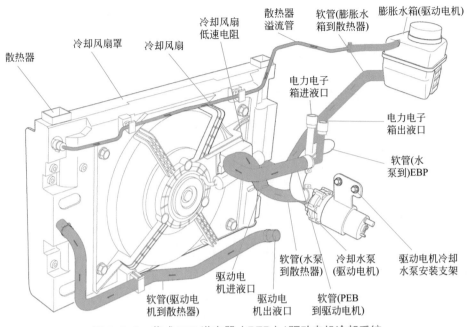

图 5-3-2　荣威 E50 逆变器（PEB）/ 驱动电机冷却系统

表 5-3-2　冷却系统部件和功能

部件	功能
散热器和冷却风扇	散热器是一个两端带有注塑水箱的铝制横流式散热器。散热器的下部位于紧固在前纵梁的支架所支撑的橡胶衬套内，散热器的顶部位于水箱上横梁支架所支撑的橡胶衬套内，支撑了冷却风扇总成、空调（AC）冷凝器。空调（A/C）冷凝器安装在散热器后部，由 4 个螺栓固定至冷却风扇罩上。冷却风扇和驱动电机总成及风扇低速电阻安装在空调（A/C）冷凝器后部的风扇罩上
膨胀水箱	PEB/ 驱动电机冷却系统配有卸压阀的注塑冷却液膨胀水箱，安装在右纵梁右悬架前部，溢流管连接到散热器左水室顶部，出液管连接到 PEB/ 驱动电机冷却水泵上
冷却水泵	PEB/ 驱动电机冷却水泵通过安装支架由 2 个螺栓固定在前右纵梁上，由其运转来循环冷却系统冷却液
冷却液软管	橡胶冷却液软管在各组件间传送冷却液，弹簧卡箍将软管固定到各组件上，快速接头将软管（PEB 到驱动电机）和（水泵到 PEB）连接到 PEB 上。PEB/ 驱动电机冷却系统软管布置在前舱内
冷却液温度（ECT）传感器	ECT 传感器安装在散热器右侧前部，内含一个封装的负温度系数（NTC）热敏电阻，该电阻与 PEB/ 驱动电机冷却系统冷却液相接触，是分压器电路的一部分。该电路由额定的 5V 电源、一个 PEB 控制模块内部电阻和一个与温度相关的可变电阻（ECT 传感器）组成

（2）冷却液液流的控制

荣威 E50 冷却系统冷却液在管路中的循环路径如图 5-3-3 所示。

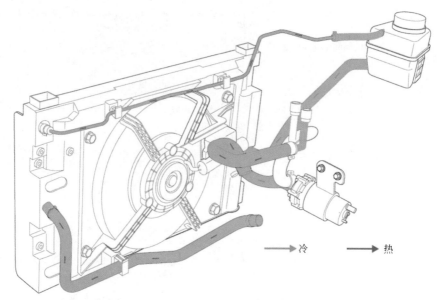

冷 → 热 →

图 5-3-3　荣威 E50 冷却系统冷却液在管路中的循环路径

　　利用传导原理，将热量从 PEB/ 驱动电机组件传递到冷却液中，带有热量的冷却液流过散热器内的蒸发管路，通过冷却风扇吹动气流，将热量传递到大气中。当系统处于较低温度时，冷却水泵不工作。当温度上升后，冷却水泵工作，冷却液经过软管流入散热器内，散热器将热量散发到空气中，使 PEB/ 驱动电机组件保持最佳的工作温度。

　　由热膨胀所产生的多余冷却液经过散热器顶部的溢流管返回到膨胀水箱中。膨胀水箱同时消除冷却液中的气体。膨胀水箱有个出液管连接到冷却液回路中，当循环冷却系统中冷却液冷却收缩或循环冷却系统中冷却液不足时，膨胀水箱中的冷却液会及时补充到循环系统中。

　　额定压力为 140kPa 的膨胀水箱盖将冷却系统与外界大气隔开，随着温度的升高冷却液膨胀，使冷却系统的压力随之升高。压力的升高增加了冷却液的沸点，可使 PEB/ 驱动电机组件在更高、更有效的工作温度下运转，而没有冷却液沸腾的风险。冷却系统的增压有极限，因此膨胀水箱盖上安装了卸压阀，在达到最大工作压力时，可释放冷却系统中过度的压力。

　　冷却液从右侧上部水室到左侧底部水室流经散热器，由经过芯体的空气进行冷却。冷却系统的温度是由 ECT 传感器来测量的。该传感器向 PEB 发送信号，根据需要控制冷却风扇的动作。冷却液温度信号由 PEB 经过 CAN 总线到显示冷却液温度的组合仪表。该组合仪表上会实时显示冷却液的温度，如果冷却液温度变得过高，则组合仪表上的警示灯和消息将提醒驾驶员。

（3）冷却风扇的控制

荣威 E50 冷却风扇的控制原理如图 5-3-4 所示。

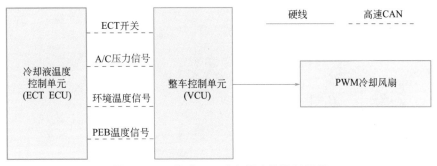

图 5-3-4　荣威 E50 冷却风扇的控制原理

PWM 冷却风扇受整车控制单元（VCU）控制，冷却风扇工作时，整车控制单元（VCU）控制 PWM 模块使冷却风扇在 20% ~ 90% 的占空比范围内的 8 个挡位工作，以满足不同的冷却负荷要求。

① 冷却风扇开启条件：冷却风扇开启取决于 A/C 和 PEB 冷却液温度这两个重要因素，当 A/C 开启或 PEB 冷却液温度高于 52℃时，冷却液风扇开始工作。

② 冷却风扇停止条件：如果 PEB 冷却液温度低于 65℃，并且 A/C 关闭，冷却风扇停止工作。

点火开关关闭，A/C 关闭，PEB 冷却液温度高于 65℃，冷却风扇继续工作，如果环境温度低于 10℃，冷却风扇会工作 30s，环境温度高于 10℃，冷却风扇会工作 60s。

（4）PEB/ 驱动电机冷却系统控制

PEB 的工作温度不能超过 75℃，最合适的工作温度应低于 65℃。将温度控制在 75℃以下可以更好地延长 PEB 和驱动电机的使用寿命。

PEB 开始工作时，电动冷却水泵会立即打开，冷却液温度传感器向 ECT 提供温度信号。

PEB 计算冷却液温度并将它与 PEB 冷却液温度传感器信号进行比较，从而判断是否需要使用 PEB 冷却液温度传感器。

5.3.2.2　广汽传祺 AG 新能源

广汽传祺 AG 新能源车辆驱动电机采用水冷式冷却系统，控制原理与荣威 E50 基本相同，这里不再赘述。系统组成和冷却系统液流路径分别如图 5-3-5 和图 5-3-6 所示。

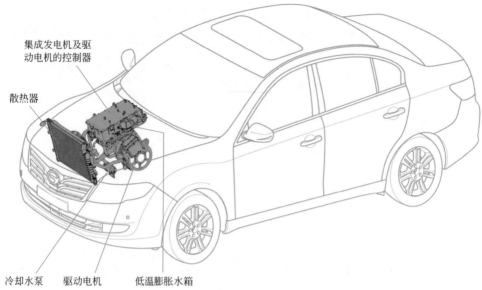

集成发电机及驱动电机的控制器

散热器

冷却水泵　　驱动电机　　低温膨胀水箱

图 5-3-5　广汽新能源 AG 车型电机冷却系统组成

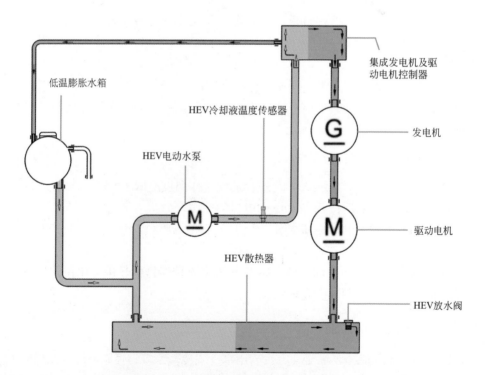

低温膨胀水箱

HEV冷却液温度传感器

HEV电动水泵

HEV散热器

集成发电机及驱动电机控制器

发电机

驱动电机

HEV放水阀

⇐ 低温冷却液；　◀ 高温冷却液

图 5-3-6　广汽新能源 AG 车型电机冷却系统液流路径

5.3.2.3　宝马 F18（530LE）

宝马 530LE 为了在任何工况下都能确保驱动电机的冷却效果，在冷却系统中使用冷却电机，并将冷却电机连接到发动机的冷却液管路中。宝马 530LE 发动机和电机冷却液循环路径如图 5-3-7 所示。

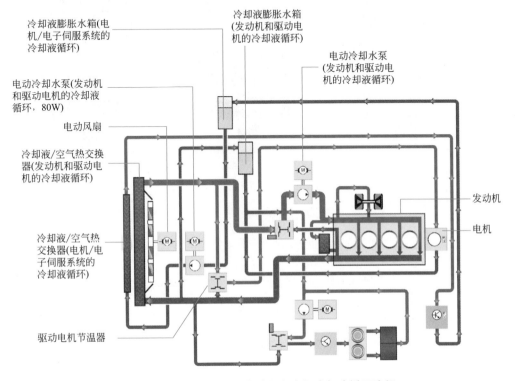

图 5-3-7　宝马 530LE 发动机和电机冷却液循环路径

为了冷却定子绕组，在定子支架和自动变速箱壳体之间有一个冷却通道，冷却液通过该通道从发动机冷却回路中流出。冷却通道分别通过两个密封环向前和向后密封。

变速箱油进行转子的冷却，油雾状的变速箱油吸收热量并在变速箱油冷却器上将热量排到大气中。

驱动电机自带一个节温器，将冷却液流进温度调节到约 80℃ 的最佳值。由于电机工作温度低于发动机工作温度，因此这种调节是必要的。节温器通过一个石蜡恒温元件进行调节，该石蜡恒温元件根据冷却液温度膨胀。此时不存在电动控制。节温器工作原理如图 5-3-8 所示。节温器工作状态及冷却液循环路径见表 5-3-3。

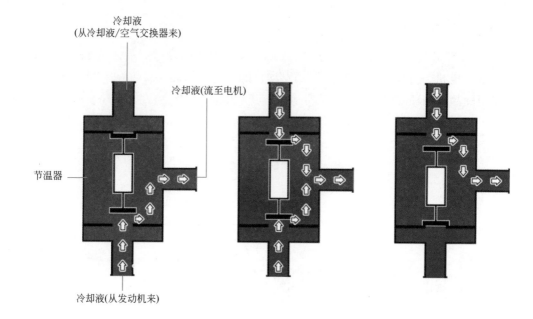

冷却液
(从冷却液/空气交换器来)

冷却液(流至电机)

节温器

冷却液(从发动机来)

(a) 节温器关闭　　　　　　(b) 节温器部分打开　　　　　(c) 节温器完全打开

图 5-3-8　节温器工作原理

表 5-3-3　节温器工作状态及冷却液循环路径

节温器工作状态	冷却液循环路径
节温器关闭	冷却液温度较低时,节温器是关闭的。例如暖机阶段就是这种情况。此时,节温器堵住来自冷却液/空气热交换器的冷却液,将来自发动机的冷却液输送到电机。通过这种方式可迅速达到最佳工作温度
节温器部分打开	由于发动机冷却液温度高,节温器因此部分打开。这导致来自发动机的高温冷却液与来自冷却液/空气热交换器的低温冷却液相互混合。在连接电机的冷却液供给管路中以这种"混合模式"自行调节冷却液温度,基本处于约80℃的最佳温度
节温器完全打开	如果来自冷却液/空气热交换器的冷却液温度额外上升,节温器就完全打开。例如,当发动机节温器打开冷却液大循环时,就会出现这种情况。由于额外升温,节温器关闭来自发动机的冷却液管路,来自冷却液/空气热交换器的所有冷却液都流入电机中

5.3.2.4　宝马 X1 xDrive 25Le（F49 PHEV）

　　宝马 X1 xDrive 25Le（F49 PHEV）为插电式混合动力汽车,安装的 3 缸 1.5T 涡轮增压发动机需要冷却,因此高压系统搭载了一套专用低温冷却回路。这套专用的低温冷却回路由冷却液/空气热交换器、膨胀水箱、电动冷却水泵以及相关管路等组成,独立于发动机冷却系统之外工作,用于冷却高压启动电动发电机、车载充电机、电机电子装置(电机控制器)、高压配电单元、DC/DC、驱动电机等高压组件。系统组成如图 5-3-9 所示。

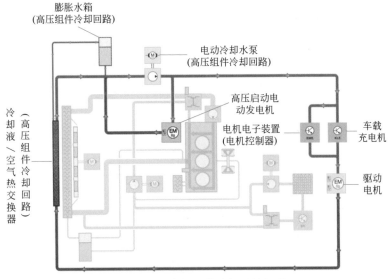

图 5-3-9　高压组件冷却系统组成

高压组件冷却系统安装位置如图 5-3-10 所示。

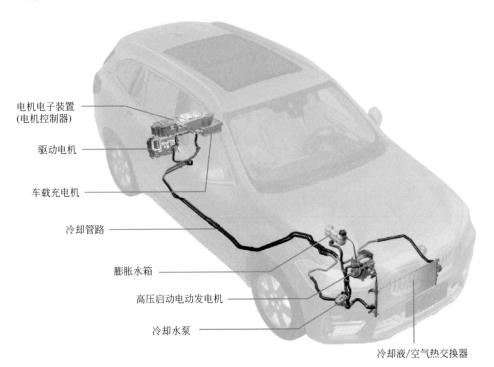

图 5-3-10　高压组件冷却系统安装位置

冷却液/空气热交换器与冷却模块集成为一体。根据电机电子装置（电机控制器）的冷却要求，启用电动冷却水泵及电动风扇，从而降低高压组件温度。

虽然驱动电机的设计温度范围较大。但是为了保障驱动电机在任何条件下热操作的安全性，驱动电机必须采用可靠的冷却方式进行散热。为了冷却驱动电机定子线圈，在定子和驱动电机壳罩之间设计了一个冷却液管道，高压组件的低温冷却液回路为冷却液管道供给冷却液。

驱动电机转子通过转子空气循环冷却系统进行冷却。在这种配置条件下，空气流过转子中的冷却液管道以及壳罩内的冷却液管道，空气在壳罩内被冷却液冷却。这就确保了一个更为平衡和偏低的转子温度。

5.3.2.5　吉利帝豪 EV300

吉利帝豪 EV300 高压组件（动力电池除外）冷却系统，同样采用水冷方式为电机控制器、车载充电机、驱动电机提供冷却。冷却系统由电动冷却水泵、膨胀水箱、散热器、冷却管路等组成，电动水泵由低压电路驱动，为冷却液的循环提供压力。系统如图 5-3-11 所示。

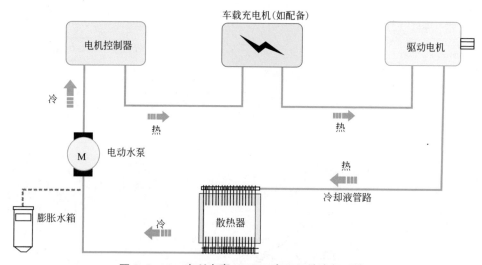

图 5-3-11　吉利帝豪 EV300 高压组件冷却系统

冷却系统散热器风扇采用双风扇高低速的控制模式，通过两个不同的电机驱动扇叶。冷却风扇由整车控制单元（VCU）通过冷却风扇低速继电器和冷却风扇高速继电器直接控制，在低速电路中，采用串联调速电阻的方式来改变风扇的转速。

整车控制单元还控制电动冷却水泵在需要的时候开启。同时，通过 CAN 总线接收车载充电机和电机控制器温度信息，在需要时开启冷却水泵及散热器高、低速风扇进行散热。冷却系统控制原理如图 5-3-12 所示。

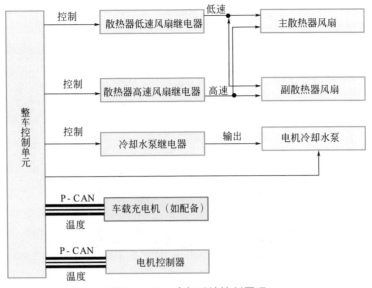

图 5-3-12　冷却系统控制原理

5.3.2.6　丰田混合动力车型

丰田混合动力车型，如普锐斯、凯美瑞、卡罗拉双擎等安装了独立于发动机冷却系统之外工作的另一套冷却系统冷却逆变器、MG1 和 MG2。这套冷却系统由专用储液罐、专用冷却水泵、专用散热器和专用冷却液管路组成，如图 5-3-13 所示。

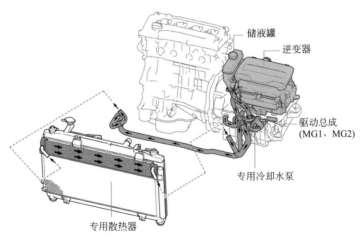

图 5-3-13　丰田混合动力车型逆变器、MG1、MG2 冷却系统

将车辆电源状态切换至 READY ON 状态时，该冷却系统激活。

逆变器、MG1 和 MG2 的专用散热器安装于冷凝器（空调）上部。通过集成独立逆变器散热器、空调冷凝器和发动机散热器，使布局更加紧凑。

5.4 冷却系统维修要点

![car icon] **5.4.1 比亚迪 e6 冷却系统冷却液的排放及加注**

（1）排放冷却液

① 关闭所有用电器及点火开关，拔出点火钥匙。

② 旋出低温膨胀水箱盖。

③ 拆下发动机下护板。

④ 将用于收集冷却液的容器放置在车辆底部。

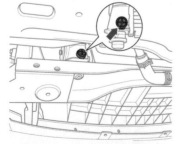

⑤ 旋出图 5-4-1 箭头所示的散热器橡胶塞，将冷却液软管中的冷却液排出。

（2）加注冷却液

① 安装图 5-4-1 箭头处所示的散热器橡胶塞，并拧紧。

② 添加 3.2L 冷却液。

图 5-4-1 取下散热器橡胶塞

③ 打开点火开关，连接车辆诊断仪选择"启动 HEV 电动水泵"，将系统内的空气排出。

④ 再次检查冷却液是否到低温膨胀水箱（图 5-4-2）的上部标记（MAX）处，必要时添加冷却液。

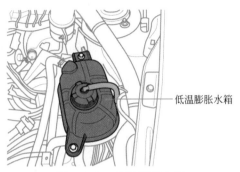

低温膨胀水箱

图 5-4-2　低温膨胀水箱

注意：

① 冷却液不能重复使用、混合使用，也不能更换不同颜色的冷却液。

② 只能使用厂家认可的、符合国家标准的冷却液。

③ 冷却液可以防止霜冻、腐蚀损坏和结垢，此外还能提高沸点，因此冷却液必须按标准加注。

④ 禁止使用磷酸盐和硝酸盐作为防腐剂的冷却液。

⑤ 在热带气候条件下，需使用高沸点的冷却液。

⑥ 在寒冷的北方，必须保证防冻温度低至约 -25℃（有的地方低至约 -35℃）。

⑦ 冷却液添加剂与水的比例至少为 1∶1。

⑧ 冷却液回收必须按照国家相关规定进行处理。

 5.4.2　比亚迪 e6 驱动电机冷却水泵的更换

① 关闭所有用电器及点火开关，拔出点火钥匙。

② 断开蓄电池负极接线。

③ 断开手动维修开关。

④ 举升车辆。

⑤ 排放驱动电机冷却系统冷却液。

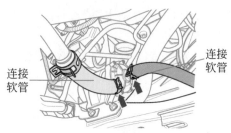

图 5-4-3 松开卡箍并取下水管

⑥ 松开图 5-4-3 中箭头所指的卡箍，脱开驱动电机冷却系统电动水泵上的连接软管。

⑦ 断开图 5-4-4 中电机冷却系统电动水泵插头。

⑧ 旋出图 5-4-5 中箭头所指的固定螺母，取出驱动电机冷却系统电动水泵。螺母拧紧力矩：$(21\pm3)N \cdot m$。

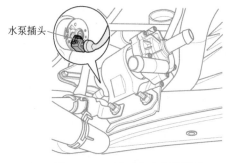

图 5-4-4 断开电动水泵插头

图 5-4-5 旋出固定螺母并取下电动水泵

注意：驱动电机冷却系统电动水泵在拆卸过程中，内部可能残留冷却液，需将其完全排放。

安装大体按倒序进行。

5.4.3 比亚迪 e6 驱动电机冷却液温度传感器的更换

① 关闭点火开关及所有用电器，拔出点火钥匙。

② 断开蓄电池负极接线。

③ 断开手动维修开关。

④ 排放驱动电机冷却系统冷却液。

⑤ 断开图 5-4-6 中箭头所指的驱动电机冷却系统冷却液温度传感器插头。

⑥ 松开图 5-4-7 中箭头所指的水管卡箍，并脱开水管，取下驱动电机冷却系统冷却液温度传感器。

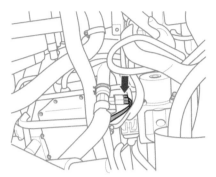

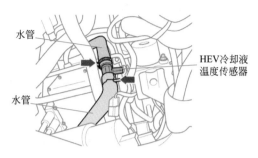

水管

HEV冷却液
温度传感器

水管

图 5-4-6　断开冷却液温度传感器插头　　　图 5-4-7　取下冷却液温度传感器

安装大体按倒序进行。

5.4.4　吉利帝豪 EV300 高压组件冷却水泵的更换

① 打开前机舱盖，断开蓄电池负极接线。

② 先断开电动冷却水泵线束插接器，再拆卸冷却水泵支架固定螺栓，如图 5-4-8 所示。

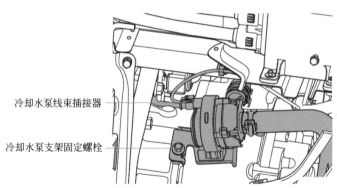

冷却水泵线束插接器

冷却水泵支架固定螺栓

图 5-4-8　拆卸冷却水泵线束插接器和固定螺栓

③ 使用专用环箍钳拆卸散热器出水管卡箍，并脱开散热器出水管，同样使用环箍钳拆卸电机控制器进水管卡箍，脱开电机控制器进水管，如图 5-4-9 所示，并取下冷却水泵。

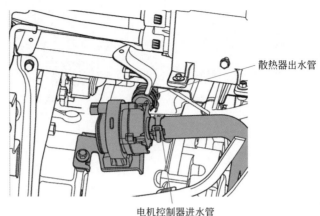

散热器出水管

电机控制器进水管

图 5-4-9　拆卸卡箍脱开进、出水管

安装大体按倒序进行。

5.4.5　吉利帝豪 EV300 散热器出水管的更换

① 打开前机舱盖，断开蓄电池负极接线，拆卸前保险杠和散热器面罩，同时拆卸发动机左下护板，并拆下左前大灯，在散热器下用容器接住冷却液。

② 打开冷却液膨胀水箱盖，使用专用环箍钳拆卸图 5-4-10 中箭头所指的散热器出水管与冷凝器的连接卡箍。

③ 使用专用环箍钳拆卸图 5-4-11 中箭头所指的散热器出水管与冷却水泵固定卡箍，脱开并取出水管。

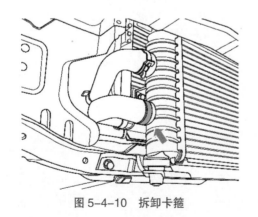

图 5-4-10　拆卸卡箍

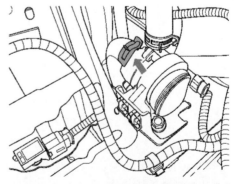

图 5-4-11　拆卸散热器出水管与冷却
水泵固定卡箍

安装按照与拆卸相反的顺序进行，安装卡箍时应使用专用环箍钳。

5.4.6　吉利帝豪 EV300 散热器出水管的更换

① 打开前机舱盖，断开蓄电池负极接线，拆卸前保险杠上饰板。

② 使用环箍钳拆卸图 5-4-12 中箭头所指的散热器侧进水管卡箍，并从散热器上脱开进水管。

③ 使用环箍钳拆卸图 5-4-13 中箭头所指的电机侧散热器进水管卡箍。

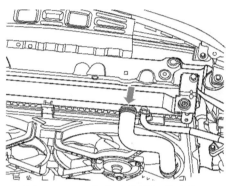

图 5-4-12　拆卸卡箍脱开进水管

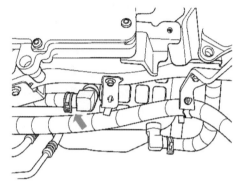

图 5-4-13　拆卸电机侧散热器进水管卡箍

安装大体按倒序进行。

 ## 5.5.1　冷却系统故障征兆表

冷却系统故障征兆表如图 5-5-1 所示。

表 5-5-1　冷却系统故障征兆表

故障现象	故障分析	处理措施
水泵工作有异响（嗡嗡声）	首先分析车辆是在行驶中还是静止状态出现的异响，若以上两种情况均有。检查散热器内防冷液是否充足，补充后再进行试车，如还是存在异响，考虑为水泵出现故障	补充防冻液；若补充后，水泵声音仍然很大，更换水泵
仪表报出驱动电机过热	①水泵不工作/运转不顺畅 ②水道堵塞 ③冷却系统缺液 ④散热器外部过脏 ⑤散热器散热效果不佳，如散热器翅片发生变形，通风量降低等 ⑥电子风扇不转	①检查水泵电路部分，更换相应器件（熔丝、继电器、线束）；更换水泵 ②更换相关管路 ③补充冷却液 ④清理散热器表面脏污（如杨絮、蚊虫等） ⑤处理或更换散热器 ⑥检查电子风扇供电电路

5.5.2 冷却水泵故障

冷却水泵不工作可导致冷却液无法在冷却系统中流动，从而造成高压系统过热。冷却水泵故障诊断与排除流程如图 5-5-1 所示。

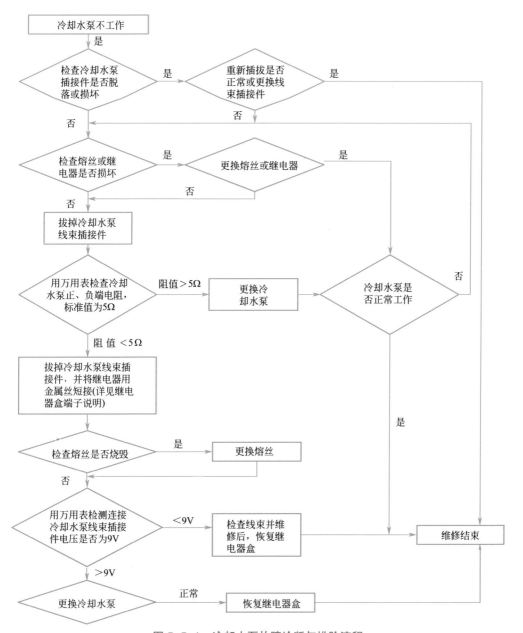

图 5-5-1 冷却水泵故障诊断与排除流程

5.5.3 电机过温故障

当显示电机过温故障时首先用点火钥匙上电复位 3 次，如果不能清除该故障则按图 5-5-2 所示流程进行故障诊断与排除。

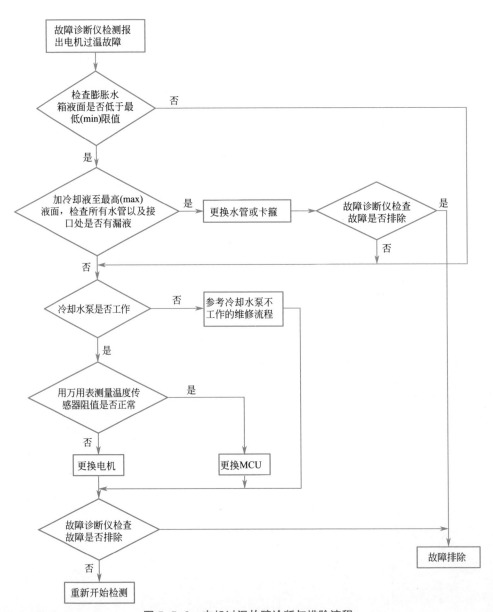

图 5-5-2　电机过温故障诊断与排除流程

5.5.4　MCU 控制器过温故障

车辆行驶中频繁报出 MCU 控制器过温故障，先检查冷却系统是否正常工作，如正常更换电机控制器总成，具体流程如图 5-5-3 所示。

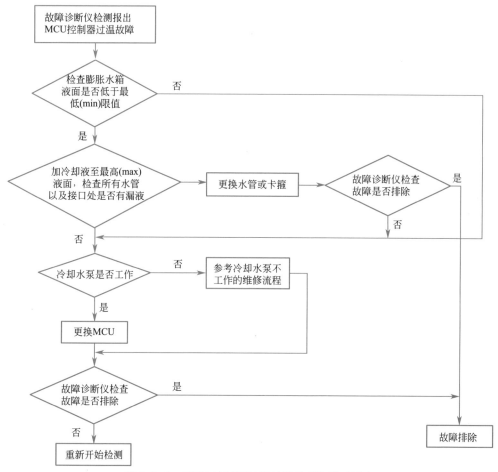

图 5-5-3　MCU 控制器过温故障诊断与排除流程

 ## 5.5.5　故障案例

故障现象：

车辆行驶几公里以后，出现限速 9km/h 的现象，仪表显示电机控制器过热。

可能原因：

水泵故障、散热风扇故障、缺少冷却液或冷却系统内部堵塞。

故障诊断与排除：

用诊断仪读取数据流显示电机控制器温度为 75℃，散热器风扇高速旋转，检查水泵工作正常、膨胀水箱冷却液也不缺少，水泵在工作过程中观察膨胀水箱发现冷却液循环不畅，进一步对冷却系统进行水道堵塞排查。采用压缩空气对散热器和管路及电机控制器进行疏通检查时发现电机控制器内部有阻塞，找到堵塞点用高压空气将电机控制器内部异物吹出，恢复冷却系统管路，加注冷却液后进行试车，不再出现电机系统高温，故障排除。

故障分析：

该车型电机系统冷却方式采用水冷式，电机控制器和电机是串联式循环，电机控制器的温度在 75 ～ 85℃时电机降功率，当电机控制器温度高于 85℃时电机将立即停止工作。

电动汽车充电系统

Chapter 6

6.4 充电系统故障诊断与排除

6.3 充电系统维修要点

6.2 常见车型充电系统

6.1 充电系统概述

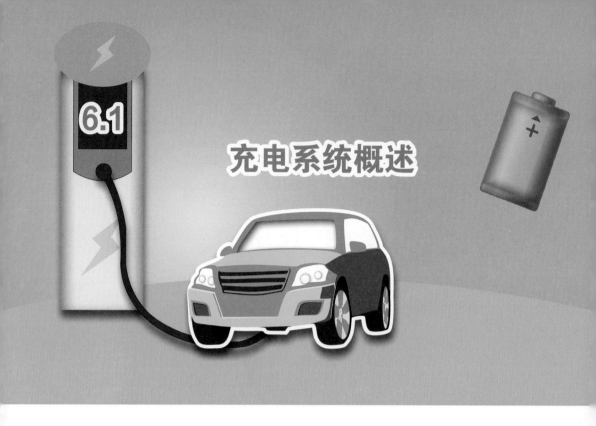

充电系统概述

6.1

　　电动汽车以动力电池作为动力源，想要获得更多的续驶里程，就要及时对动力电池进行充电。电动汽车上都安装有车载充电系统。车载充电系统是纯电动汽车主要的能源补给系统，为保障车辆持续行驶提供动力能源。根据动力电池的实时状态进行控制启动充电和停止充电；并根据动力电池的电量、温度控制充电电流的调节和动力电池加热。

　　充电系统从功能上主要可分为快充、慢充、低压充电和制动能量回收四类，辅助功能还有充电枪锁、智能充电等。

（1）快充（直流高压充电）

　　目前各高速公路服务器或充电站的充电机属于直流高压快速充电模式。当直流充电枪连接到车辆直流充电接口时，直流充电设备发送充电唤醒信号给电动汽车的 BMS，BMS 根据动力电池的可充电功率，向直流充电设备发送充电电流指令。同时，BMS 吸合高压正极继电器和高压负极继电器，动力电池开始充电。这种充电形式直接为动力电池充电，不经过车载充电机。快充充电路径如图 6-1-1 所示。

图 6-1-1　快充充电路径

（2）慢充（交流高压充电）

当车辆处于交流充电模式下，ACM（辅助控制模块）或整车控制单元检测交流充电接口的 CC 信号（充电枪插入感应信号）和 CP（充电导通）信号并唤醒 BMS，BMS 唤醒车载充电机并发送指令充电，同时闭合主继电器，动力电池开始充电。这种充电形式使用车载充电机将交流电转换为高压直流电为动力电池充电，充电路径如图 6-1-2 所示。

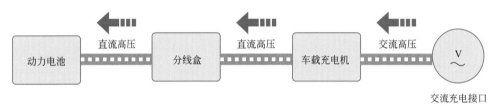

图 6-1-2　慢充充电路径

（3）低压充电

电动汽车高压系统上电前，低压电路系统依赖 12V 蓄电池供电，当高压系统上电后，电机控制器（内装 DC/DC）或 DC/DC 模块将动力电池的高压直流电转换成低压直流电为 12V 蓄电池充电。低压充电路径如图 6-1-3 所示。

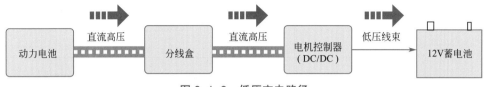

图 6-1-3　低压充电路径

（4）制动能量回收

能量回收系统是在车辆滑行或制动过程中，驱动电机从驱动状态转变成发电状态，将车辆的动能转换为电能储存在动力电池中。

车辆在滑行或制动时，VCU 根据当前动力电池状态和制动踏板位置信号，计算能量回收转矩并发送指令给电机控制器，启动能量回收。制动能量回收传递路线与能量消耗相反，如图 6-1-4 所示。

图 6-1-4　制动能量回收传递路线与能量消耗路线

制动能量回收过程中电机消耗车轮旋转的动能发出交流电再输出给电机控制器，安装在电机控制器内部的 AC/DC 将交流电转换成直流电给动力电池充电。

（5）辅助功能

① 充电枪锁　为防止车辆充电过程中充电枪丢失，部分电动汽车具有充电枪锁功能。充电枪插入充电接口后，只要驾驶员按下智能钥匙闭锁按钮，充电枪防盗功能将开启；PEPS（无钥匙进入和启动系统）收到智能钥匙的闭锁信号后通过 CAN 总线将该信号传递到辅助控制模块（ACM），ACM 将控制充电枪锁止电机锁止充电枪，此时充电枪无法拔出。

如要拔出充电枪，需先按下智能钥匙解锁按钮，解锁充电枪。

② 智能充电　长期停放的车辆容易造成 12V 蓄电池亏电，当 12V 蓄电池严重亏电将会导致车辆无法启动上电。为避免这一问题，智能充电功能在车辆停放过程中使用辅助控制模块（ACM）持续对 12V 蓄电池电压进行监控，当电压低于设定值时，ACM 将唤醒 BMS，同时 VCU 也将控制电机控制器通过 DC/DC 对 12V 蓄电池进行充电，防止 12V 蓄电池亏电。智能充电功能如图 6-1-5 所示。

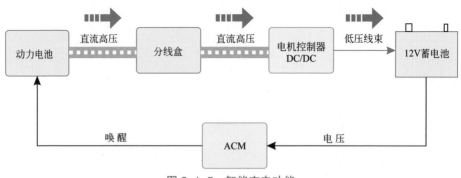

图 6-1-5　智能充电功能

6.2 常见车型充电系统

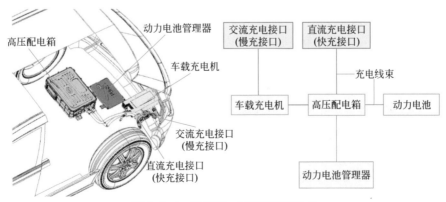

6.2.1 比亚迪 e6

（1）慢充系统

比亚迪 e6 慢充系统由慢充接口、车载充电机、动力电池管理器和高压配电箱以及相关线束组成，如图 6-2-1 所示。

图 6-2-1 比亚迪 e6 充电系统组成

比亚迪 e6 慢充和快充充电接口都安装在车辆左侧后备厢附近，如图 6-2-2 所示。慢充接口及其定义如图 6-2-3 所示。

图 6-2-2 比亚迪 e6 充电接口

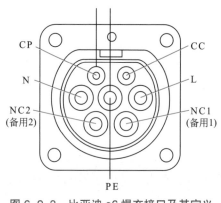

图 6-2-3 比亚迪 e6 慢充接口及其定义

端子功能	端子（左为充电接口）	条件	正常值
CP：慢充控制确认线	CC− 车身地	OFF	约 5V
	PE− 车身地	OFF	< 1Ω
	N−N（VTOG 高压）	OFF	< 1Ω
CC：慢充连接确认线	L−L1（VTOG 高压）	OFF	< 1Ω
	L−L2（VTOG 高压）	OFF	< 1Ω
N：交流电源	L−L3（VTOG 高压）	OFF	< 1Ω
L：交流电源	CC−52（VTOG 低压）	OFF	< 1Ω
PE：车身搭铁	CP−23（VTOG 低压）	OFF	< 1Ω

① 车载充电机　作用是将输入的 220V 交流电转换为动力电池所需的 290 ～ 420V 高压直流电，实现电池电量的补给。

220V 民用交流电连接慢充线束的一端，将 220V 交流电通过线束输入车载充电机；车载充电机将 220V 交流电转换为动力电池所需的 290 ～ 420V 高压直流电送往高压配电箱，再由高压配电箱根据动力电池电量情况进行充电。

② 高压配电箱　管理整车高压系统电量的通断，在车辆上电和车辆充电时，高压配电箱内各接触器有效按时序运行通断，保证整车高压系统的安全运行，高压配电箱连接导线如图 6-2-4 所示。

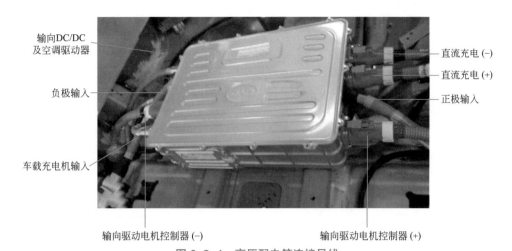

输向DC/DC及空调驱动器

负极输入

车载充电机输入

直流充电 (-)

直流充电 (+)

正极输入

输向驱动电机控制器 (-)　　　输向驱动电机控制器 (+)

图 6-2-4　高压配电箱连接导线

高压配电箱内部元器件标识如图 6-2-5 所示。

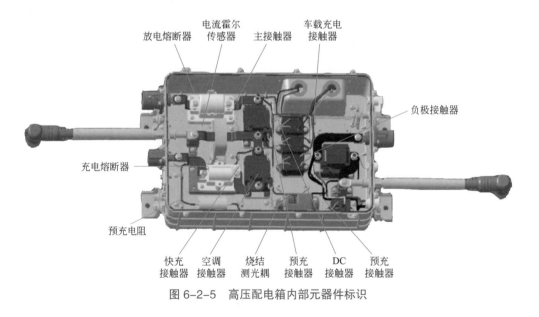

放电熔断器　电流霍尔传感器　主接触器　车载充电接触器

充电熔断器

预充电阻

负极接触器

快充接触器　空调接触器　烧结测光耦　预充接触器　DC接触器　预充接触器

图 6-2-5　高压配电箱内部元器件标识

③ 动力电池管理器　对电池充、放电信息进行采集（电流、电压、温度）。主要实现功能：故障检测和报警、动力电池状态监测、充放电控制及电池均衡。动力电池管理器外观、端子和端子定义如图 6-2-6 所示。

（2）快充系统

比亚迪 e6 快充接口及端子定义如图 6-2-7 所示。快充接口在车辆进行快速充电时，将外界电能传导、输入到动力电池。充电接口盖有阻尼特性，即检测充电接口上 CC1 对 PE 的阻值是否为 1kΩ；同时，需要检测充电接口到电源管理器的连接是否正常。

图 6-2-6　动力电池管理器外观、端子和端子定义

端子	定义	端子	定义
1	直流充电接触器	21	正极主接触器
2	放电预充接触器	22	DC 接触器
3	交流充电接触器	23	预留
4	直流充电仪表信号	24	预留
5	接触器地	25	预充信号
6	12V 蓄电池电源	26	充电感应开关地
7	12V 蓄电池地	27	12V DC 电源
8	直流充电感应信号	28	12V DC 地
9	空	29	空
10	交流充电感应开关	30	空
11	鼓风机地	31	漏电传感器电源
12	漏电传感器电源	32	漏电传感器地
13	一般漏电信号	33	严重漏电信号
14	CAN2 地	34	CANL0 低
15	CANL2 低	35	CANH0 高
16	CANH2 高	36	CAN0 地
17	CANL1 低	37	CAN1 地
18	CANH1 高	38	电流霍尔电源
19	空	39	电流霍尔电源
20	电流霍尔信号	40	电流霍尔地

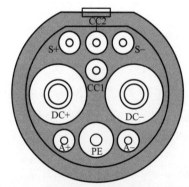

图 6-2-7　比亚迪 e6 快充接口及端子定义

CC1	CAN H
CC2	充电连接确认
S+	CAN H
S−	CAN L
DC+	充电输入 +
DC-	充电输入 −
A+	12V 电源 +
A−	12V 电源 −
PE	车身地

6.2.2　吉利帝豪 EV300

吉利帝豪 EV300 充电系统由车载充电机、充电接口照明灯、充电指示灯、交流充电接口、直流充电接口和辅助控制模块（ACM）等组成，如图 6-2-8 所示。

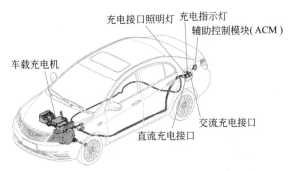

图 6-2-8　吉利帝豪 EV300 充电系统组成

辅助控制模块（ACM）控制交流充电枪锁止，防止交流充电枪被盗。同时辅助控制模块（ACM）还具有以下功能：检测充电接口盖是否打开、充电指示灯控制、充电接口照明灯控制、低压蓄电池智能充电等。辅助控制模块（ACM）及慢充、快充充电系统组成如图 6-2-9 所示。

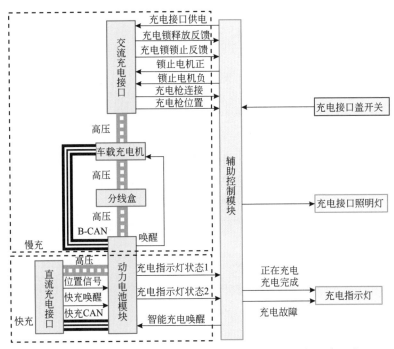

图 6-2-9　辅助控制模块（ACM）及慢充、快充充电系统组成

6.3 充电系统维修要点

6.3.1 比亚迪 e6 充电接口

（1）拆装前的准备

① 启动开关 OFF。

② 断开低压蓄电池负极连接线。

③ 拆卸维修开关（参照 1.2.3 中相关内容）。

a. 打开车辆内室储物盒，并取出内部物品。

b. 取出储物盒底部隔板。

c. 使用十字旋具将安装盖板螺钉（4 个）拧下，并掀开盖板。

d. 取出维修开关上盖板。

e. 拉动维修开关手柄呈竖直状态，向上提拉，取出维修开关。

f. 使用电工绝缘胶布封住维修开关插接器母端。

（2）直流充电接口的更换

① 拆卸

a. 拆卸充电接口上安装板和充电接口法兰面安装螺栓，如图 6-3-1 所示。

b. 拆卸 2 个搭铁螺栓。

c. 断开高、低压插接件并拆掉扎带。

d. 按图 6-3-1 所示的方向取出直流充电接口。

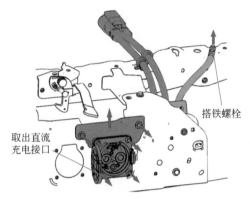

图 6-3-1　拆卸直流充电接口

② 安装

a. 先将直流充电接口高、低压线束穿过车身安装钣金。

b. 将直流充电接口安装板装上。

c. 拧紧 4 个法兰面安装螺栓。

d. 固定好高压线束扎带并接上所有高、低压插接件，拧紧 2 个搭铁螺栓。

（3）交流充电接口的更换

① 拆卸

a. 断开交流充电接口高、低压插接件并拆掉高压线束扎带，拆卸 2 个搭铁螺栓，如图 6-3-2 所示。

b. 拆卸 4 个法兰面固定螺栓。

c. 向外取出交流充电接口。

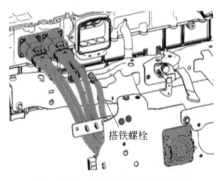

图 6-3-2　拆卸交流充电接口

② 安装

a. 将交流充电接口线缆由外向里安装。

b. 拧紧4个充电接口法兰面安装螺栓。

c. 接好高、低压插接件。

d. 分别扣上小支架和水箱上横梁上面的扎带孔位。

e. 拧紧2个搭铁螺栓。

6.3.2 吉利帝豪 EV300 充电系统

（1）直流充电插座的更换

① 打开前机舱，断开蓄电池负极连接线，按照 1.2.3 中所示方法拆卸手动维修开关。在举升机上拆卸左后轮和左后轮罩衬板。

② 举升车辆，在车底断开动力电池上的直流充电高压线束插接器，如图 6-3-3 箭头所示。

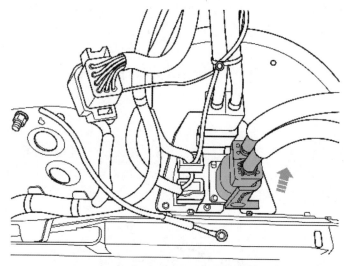

图 6-3-3 断开动力电池上的直流充电高压线束插接器

③ 拆卸图 6-3-4 所示的 2 个直流充电高压线束的固定螺母，脱开直流充电高压线束。

④ 在车底动力电池安装支架左侧脱开直流充电高压线束固定线卡，如图 6-3-5 所示。

⑤ 拆卸图 6-3-6 所示的直流充电插座固定螺栓。

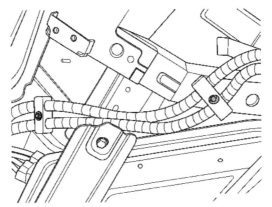

图 6-3-4　拆卸直流充电高压线束固定螺母

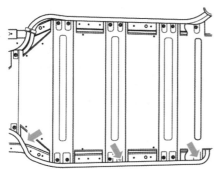

图 6-3-5　脱开直流充电高压线束固定线卡

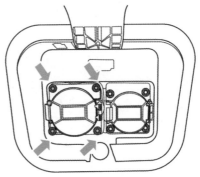

图 6-3-6　拆卸直流充电插座固定螺栓

⑥ 首先拆卸图 6-3-7 所示的直流充电插座搭铁线束紧固螺栓，脱开搭铁线束；其次使用环箍钳拆卸直流充电插座线束胶套环箍；再次断开直流充电插座线束插接器；最后脱开直流充电插座高压线束固定支架，取出直流充电插座总成。

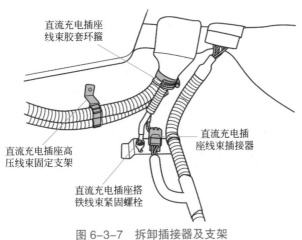

直流充电插座线束胶套环箍

直流充电插座线束插接器

直流充电插座高压线束固定支架

直流充电插座搭铁线束紧固螺栓

图 6-3-7　拆卸插接器及支架

安装按倒序进行。

（2）交流充电插座的更换

① 打开前机舱，断开蓄电池负极连接线，按照 1.2.3 中所示方法拆卸手动维修开关。在举升机上拆卸左后轮和左后轮罩衬板。

② 在前机舱内断开车载充电机上的 2 个交流高压线束插接器，如图 6-3-8 箭头所示。

③ 举升车辆，断开动力电池上的交流充电高压线束插接器，如图 6-3-9 箭头所示。

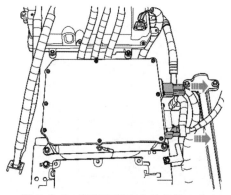
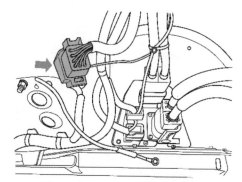

图 6-3-8　断开车载充电机上的 2 个交流高压线束插接器（2017 年以前车型）

图 6-3-9　断开动力电池上的交流充电高压线束插接器

④ 从车辆底部动力电池安装支架右侧脱开交流充电高压线束固定线卡，如图 6-3-10 所示。

⑤ 从车辆后部脱开交流充电高压线束固定线卡，如图 6-3-11 所示。

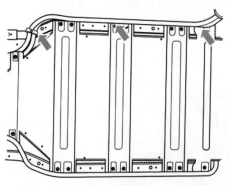
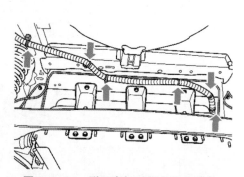

图 6-3-10　脱开车辆底部交流充电高压线束固定线卡

图 6-3-11　脱开车辆后部交流充电高压线束固定线卡

⑥ 拆卸图 6-3-12 中箭头所指交流充电插座的 4 个固定螺栓。

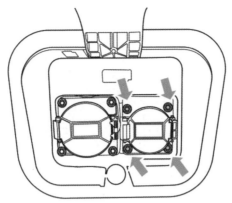

图 6-3-12　拆卸交流充电插座的 4 个固定螺栓

⑦ 断开交流充电插座线束插接器，脱开交流充电插座高压线束固定线卡，取出交流充电插座总成。

安装按倒序进行。

（3）车载充电机、充电机冷却水管的更换

① 打开前机舱，断开蓄电池负极连接线，按照 1.2.3 中所示方法拆卸手动维修开关。

② 从车载充电机上断开高压线束插接器，如图 6-3-13 箭头所示。

③ 首先拆卸图 6-3-14 中车载充电机搭铁线束固定螺栓；再拆卸车载充电机的 4 个固定螺栓（箭头）；最后断开车载充电机与电机控制器连接的高压线束。

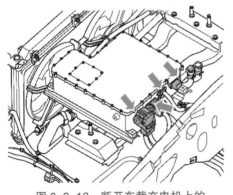

图 6-3-13　断开车载充电机上的
高压线束插接器

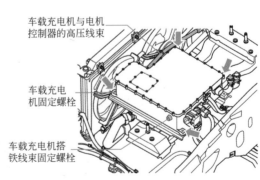

车载充电机与电机
控制器的高压线束

车载充电
机固定螺栓

车载充电机搭
铁线束固定螺栓

图 6-3-14　拆卸搭铁线束、固定
螺栓和高压线束

④ 使用环箍钳拆卸图 6-3-15 中箭头所指的车载充电机出水管环箍（电机侧），脱开车载充电机出水管。

⑤ 拆卸图 6-3-16 所示车载充电机进水管接头（电机控制器侧），脱开车载充

电机进水管，取出车载充电机及水管。

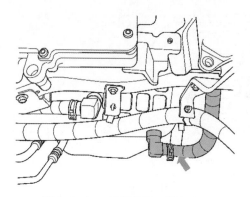

图 6-3-15　拆卸环箍、脱开出
水管（电机侧）

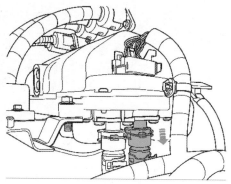

图 6-3-16　拆卸车载充电机进水管
接头（电机控制器侧）

水管脱开前先在车底防止容器接住防冻液。

⑥ 使用环箍钳分别拆卸图 6-3-17 所示的车载充电机进、出水管环箍，并从车载充电机上取下进、出水管。

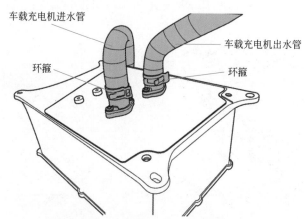

图 6-3-17　拆卸车载充电机进、出水管

安装按倒序进行。

（4）充电接口照明灯的更换

① 打开前机舱，断开蓄电池负极连接线，在举升机上拆卸左后轮和左后轮罩

衬板。

②打开充电接口盖，用软布包一字旋具撬下图 6-3-18 所示的充电接口照明灯组件。

③举升车辆，从左后轮罩衬板内侧找到图 6-3-19 所示的充电接口照明灯线束插接器并断开，取下充电接口照明灯。

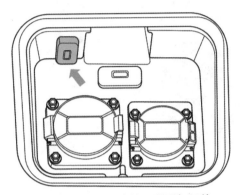

图 6-3-18　撬下充电接口照明灯组件

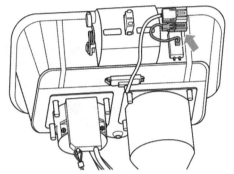

图 6-3-19　断开充电接口照明灯线束插接器

安装按倒序进行。

（5）充电指示灯的更换

①打开前机舱，断开蓄电池负极连接线，在举升机上拆卸左后轮和左后轮罩衬板。

②打开充电接口盖，用软布包一字旋具撬下图 6-3-20 所示的充电指示灯组件。

③举升车辆，从左后轮罩衬板内侧找到图 6-3-21 所示的充电指示灯线束插接器并断开，取下充电指示灯。

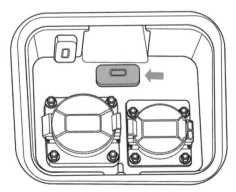

图 6-3-20　撬下充电指示灯组件

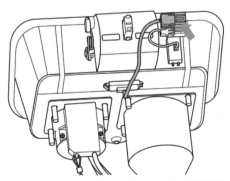

图 6-3-21　断开充电指示灯线束插接器

安装按倒序进行。

充电系统故障诊断与排除

6.4.1　充电枪插入感应（CC）信号故障

充电枪插入感应（CC）信号故障会导致充电系统感应不到充电枪的插入，无法启动充电。充电枪插入感应（CC）信号电路连接如图6-4-1所示，故障诊断与排除流程如图6-4-2所示。

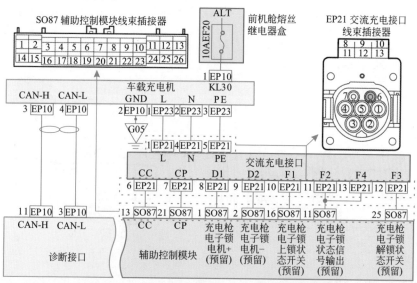

图6-4-1　充电枪插入感应（CC）信号电路连接

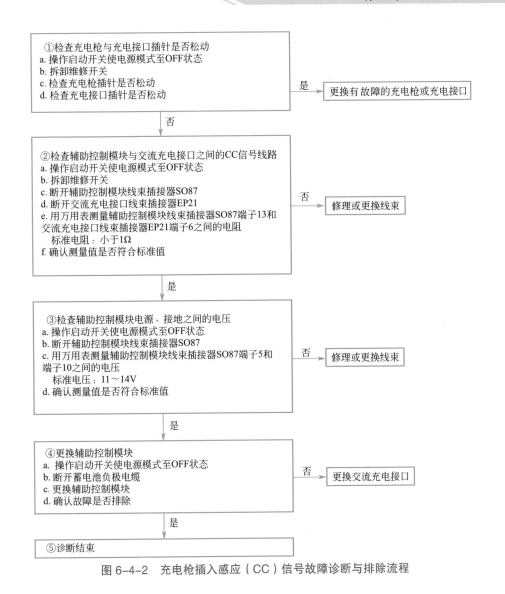

图 6-4-2　充电枪插入感应（CC）信号故障诊断与排除流程

6.4.2　充电导通（CP）信号故障

充电导通（CP）信号故障会导致 ACM（辅助控制模块）或整车控制单元无法收到该信号从而不会唤醒 BMS 启动车载充电机执行充电操作，造成慢充无法充电。充电导通（CP）信号电路连接如图 6-4-3 所示，故障诊断与排除流程如图 6-4-4 所示。

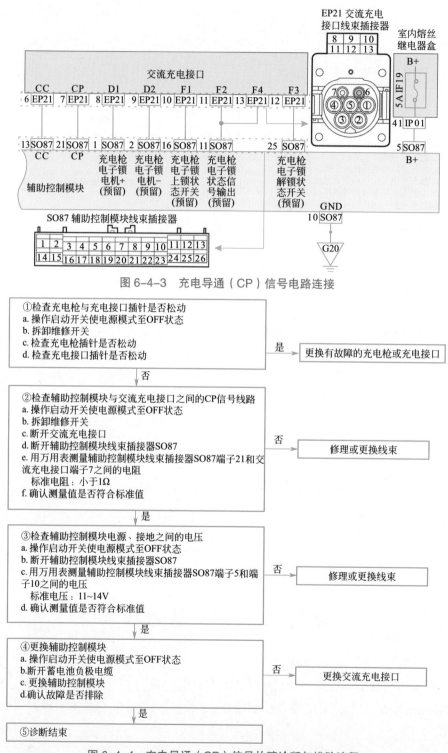

图 6-4-3　充电导通（CP）信号电路连接

①检查充电枪与充电接口插针是否松动
a. 操作启动开关使电源模式至OFF状态
b. 拆卸维修开关
c. 检查充电枪插针是否松动
d. 检查充电接口插针是否松动　　——是——→　更换有故障的充电枪或充电接口

否

②检查辅助控制模块与交流充电接口之间的CP信号线路
a. 操作启动开关使电源模式至OFF状态
b. 拆卸维修开关
c. 断开交流充电接口
d. 断开辅助控制模块线束插接器SO87
e. 用万用表测量辅助控制模块线束插接器SO87端子21和交流充电接口端子7之间的电阻
　　标准电阻：小于1Ω
f. 确认测量值是否符合标准值　　——否——→　修理或更换线束

是

③检查辅助控制模块电源、接地之间的电压
a. 操作启动开关使电源模式至OFF状态
b. 断开辅助控制模块线束插接器SO87
c. 用万用表测量辅助控制模块线束插接器SO87端子5和端子10之间的电压
　　标准电压：11~14V
d. 确认测量值是否符合标准值　　——否——→　修理或更换线束

是

④更换辅助控制模块
a. 操作启动开关使电源模式至OFF状态
b. 断开蓄电池负极电缆
c. 更换辅助控制模块
d. 确认故障是否排除　　——否——→　更换交流充电接口

是

⑤诊断结束

图 6-4-4　充电导通（CP）信号故障诊断与排除流程

6.4.3　高压互锁故障

高压互锁是利用低压蓄电池发出的信号来检测整个高压回路是否正常。当高压回路断开或破损时，高压互锁失效。如果高压互锁在车辆启动前失效，车辆将不能高压上电，如果在车辆行驶中失效，车辆会报警并断开高压供电，高压互锁故障诊断与排除流程如图 6-4-5 所示。

图 6-4-5　高压互锁故障诊断与排除流程

6.4.4　高压系统漏电故障

为了确保安全，电动汽车都会有专门的漏电报警机制，车辆高压系统出现严重漏电会导致车辆无法上电，高压系统漏电故障诊断与排除流程如图 6-4-6 所示。

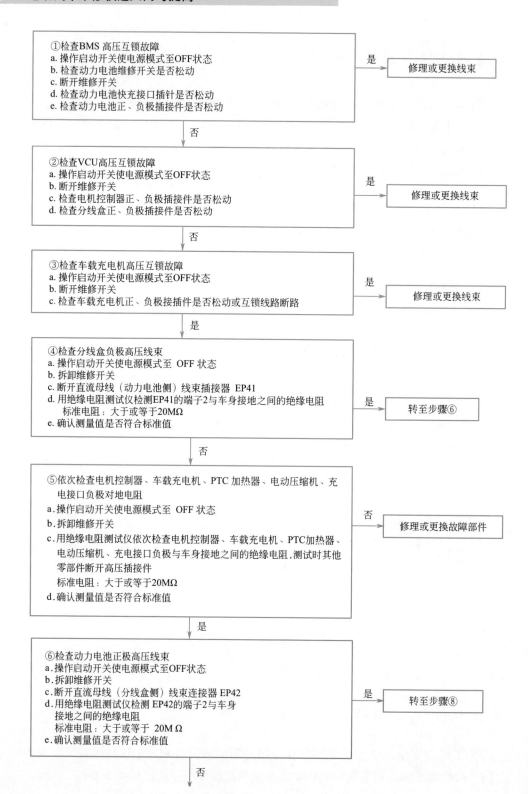

①检查BMS 高压互锁故障
a.操作启动开关使电源模式至OFF状态
b.检查动力电池维修开关是否松动
c.断开维修开关
d.检查动力电池快充接口插针是否松动
e.检查动力电池正、负极插接件是否松动

是 → 修理或更换线束

否

②检查VCU高压互锁故障
a.操作启动开关使电源模式至OFF状态
b.断开维修开关
c.检查电机控制器正、负极插接件是否松动
d.检查分线盒正、负极插接件是否松动

是 → 修理或更换线束

否

③检查车载充电机高压互锁故障
a.操作启动开关使电源模式至OFF状态
b.断开维修开关
c.检查车载充电机正、负极接插件是否松动或互锁线路断路

是 → 修理或更换线束

是

④检查分线盒负极高压线束
a.操作启动开关使电源模式至 OFF 状态
b.拆卸维修开关
c.断开直流母线（动力电池侧）线束插接器 EP41
d.用绝缘电阻测试仪检测EP41的端子2与车身接地之间的绝缘电阻
　　标准电阻：大于或等于20MΩ
e.确认测量值是否符合标准值

是 → 转至步骤⑥

否

⑤依次检查电机控制器、车载充电机、PTC 加热器、电动压缩机、充
电接口负极对地电阻
a.操作启动开关使电源模式至 OFF 状态
b.拆卸维修开关
c.用绝缘电阻测试仪依次检查电机控制器、车载充电机、PTC加热器、
　电动压缩机、充电接口负极与车身接地之间的绝缘电阻,测试时其他
　零部件断开高压插接件
　标准电阻：大于或等于20MΩ
d.确认测量值是否符合标准值

否 → 修理或更换故障部件

是

⑥检查动力电池正极高压线束
a.操作启动开关使电源模式至OFF状态
b.拆卸维修开关
c.断开直流母线（分线盒侧）线束连接器 EP42
d.用绝缘电阻测试仪检测 EP42的端子2与车身
　接地之间的绝缘电阻
　标准电阻：大于或等于 20MΩ
e.确认测量值是否符合标准值

是 → 转至步骤⑧

否

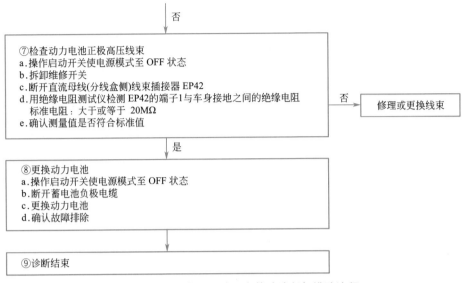

否

⑦检查动力电池正极高压线束
a.操作启动开关使电源模式至 OFF 状态
b.拆卸维修开关
c.断开直流母线(分线盒侧)线束插接器 EP42
d.用绝缘电阻测试仪检测 EP42的端子1与车身接地之间的绝缘电阻
　标准电阻：大于或等于 20MΩ
e.确认测量值是否符合标准值

否 → 修理或更换线束

是

⑧更换动力电池
a.操作启动开关使电源模式至 OFF 状态
b.断开蓄电池负极电缆
c.更换动力电池
d.确认故障排除

⑨诊断结束

图 6-4-6　高压系统漏电故障诊断与排除流程

第7章

电动汽车电气系统

Chapter 7

7.4　7.3　7.2　7.1

电　　电　　电　　电
动　　动　　动　　动
汽　　汽　　汽　　汽
车　　车　　车　　车
制　　转　　空　　电
动　　向　　调　　路
系　　系　　系　　图
统　　统　　统　　识
　　　　　　　　　　读

7.1 电动汽车电路图识读

7.1.1 电动汽车电路图识读一般方法

（1）汽车电路图基础

汽车电路图是用国家标准规定的线路符号，对汽车用电器的构造组成、工作原理、工作过程及安装要求所作的图解说明，也包括图例及简单的结构示意图。电路图中表示的是不同电路相互之间的关系及彼此之间的连接，通过对电路图的识读，可以认识并确定电路图上所画电气元件的名称、型号和规格，清楚地掌握汽车电气系统的组成、相互关系、工作原理和安装位置，便于对汽车电路进行维修、检查、安装、配线等工作。

因为汽车电气元件的外形和结构比较复杂，所以采用国家统一规定的图形符号和文字符号来表示电气元件的不同种类、规格及安装方式。

为了详细表示实际设备或成套装置电路的全部基本组成和连接关系，便于详细理解作用原理，需要绘制电路原理图（也称电路图或电气线路图）。

电路图是根据国家颁布的有关技术标准，用图形符号和文字符号，按照统一规定的方法，把电路画在图纸上。它是电气技术中使用最广泛的一种重要的电路简图，具有电路清晰，简单明了，便于理解电路原理的特点。

汽车电路图是将用电器图形符号按工作顺序或功能布局绘制，详细表示汽车电路的全部组成和连接关系，不考虑实际位置的简图。汽车电路图的特点如表 7-1-1 所示。

表 7-1-1　汽车电路图的特点

特点	描述
对全车电路有完整的概念	既是一幅完整的全车电路图，又是一幅互相联系的局部电路图，重点和难点突出，繁简适当
建立起电位高低的概念	负极搭铁电位最低，用最下面一条导线表示；正极火线电位最高，用最上面的一条导线表示。电流方向基本上是从上到下，电流流向从电源正极 → 开关 → 用电器 → 搭铁 → 电源负极
尽可能减少了导线的曲折与交叉	调整位置，合理布局，图面简洁清晰，图形符号照顾元件外形和内部结构，便于联想分析，易读、易画
电路系统的相互关联关系清楚	发电机与蓄电池间，各电路系统之间连接点尽量保持原位，熔断器、开关、仪表的接法与车上实物吻合

（2）电路图的用途

① 便于详细理解表达对象的线路布置。

② 为检测、寻找故障及排除故障提供信息。

③ 为绘制接线图提供依据（有时需借助于结构图样的补充信息）。

由于电路图描述的连接关系仅仅是功能关系，而不是实际的连接导线，因此电路图不能代替接线图。

（3）识读方法

由于各国汽车电路图的绘制方法、符号标注、文字标注、技术标准的不同，各汽车生产厂家汽车电路图的画法有很大差异，甚至同一国家不同公司汽车电路图的表示方法也存在较大的差异，这就给读图带来许多麻烦，因此掌握汽车电路图识读的基本方法显得十分重要。汽车电路图一般识读方法如表 7-1-2 所示。

表 7-1-2　汽车电路图识读方法

项目	描述
认真阅读图注	认真阅读图注，了解电路图的名称、技术规范，明确图形符号的含义，建立元器件和图形符号间一一对应的关系，这样才能快速准确地识图
掌握回路的原则	在电学中，回路是一个最基本、最重要，同时也是最简单的概念，任何一个完整的电路都由电源、用电器、开关、导线等组成。一个用电器要想正常工作，总要得到电能。对于直流电路而言，电流总是要从电源的正极出发，通过导线，经熔断器、开关到达用电器，再经过导线（或搭铁）回到同一电源的负极，在这一过程中，只要有一个环节出现错误，此电路就不会正确、有效
	从电源正极出发，经某用电器（或再经其他用电器），最后又回到同一电源的正极，由于电源的电位差（电压）仅存在于电源的正、负极之间，电源的同一电极是等电位的，没有电压。这种"从正到正"的途径是不会产生电流的

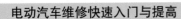

续表

项　目	描　述
掌握回路的原则	在汽车电路中，发电机和蓄电池都是电源，在寻找回路时，不能混为一谈，不能从一个电源的正极出发，经过若干用电器后，回到另一个电源的负极，这种做法，不会构成一个真正的通路，也不会产生电流。所以必须强调，回路是指从一个电源的正极出发，经过用电器，回到同一电源的负极
开关是控制电路通断的关键，电路中主要的开关往往汇集许多导线，如点火开关、车灯总开关。读图时应注意与开关有关的几个问题	在开关的许多接线柱中，注意哪些是接直通电源的，哪些是接用电器的，接线柱旁是否有接线符号，这些符号是否常见
	开关共有几个挡位，在每个挡位中哪些接线柱通电，哪些断电
	蓄电池或发电机的电流是通过什么路径到达这个开关的，中间是否经过别的开关和熔断器，这个开关是手动的还是电控的
	各个开关分别控制哪个用电器，被控用电器的作用和功能是什么
	在被控的用电器中，哪些用电器常通，哪些电路短暂接通，哪些应先接通，哪些应后接通，哪些应单独工作，哪些应同时工作，哪些用电器允许同时接通
了解汽车电路图的一般规律	电源部分到各用电器熔断器或开关的导线是用电器的公共火线，在电路图中一般画在上部
	标准画法的电路图，开关的触点位于零位或静态，即开关处于断开状态或继电器线圈处于不通电状态，晶体管、晶闸管等具有开关特性的元件的导通与截止视具体情况而定
	汽车电路是单线制，各用电器相互并联，继电器和开关串联在电路中
	大部分用电器都经过熔断器，受熔断器的保护
	把整车电路按功能及工作原理划分成若干独立的电路系统，这样可解决整车电路庞大复杂、分析起来困难的问题。现在汽车整车电路一般都按各个电路系统来绘制，如电源系统、启动系统、点火系统、照明系统、信号系统等，这些单元电路都有它们自身的特点，抓住特点把各个单元电路的结构、原理读懂了，理解整车电路也就容易了
识图的一般方法	分析各系统的工作过程、相互间的联系。在分析某个电气系统之前，要清楚该电气系统所包含各部件的功能、作用和技术参数等。在分析过程中应特别注意开关、继电器触点的工作状态，大多数电气系统都是通过开关、继电器不同的工作状态来改变回路，实现不同功能的
	通过对典型电路的分析，达到触类旁通。许多车型汽车电路图，很多部分都是类似或相近的，这样，通过一个具体的例子，举一反三，对照比较，可以掌握一些共同的规律，再以此为指导，了解其他型号汽车的电路原理，又可以发现更多的共性以及各种车型之间的差异
注意导线颜色	单色导线：绝缘表面为一种颜色的导线 双色导线：绝缘表面为两种颜色的导线 主色：双色导线中面积比例大的颜色 辅助色：双色导线中面积比例小的颜色

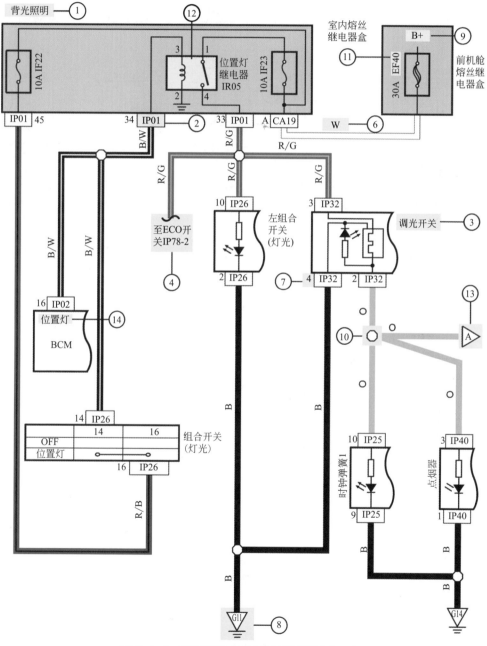

7.1.2　吉利帝豪 EV300 电路图识读

吉利帝豪 EV300 电路图识读如图 7-1-1 和 7-1-2 所示。

图 7-1-1　吉利帝豪 EV300 电路图识读（一）

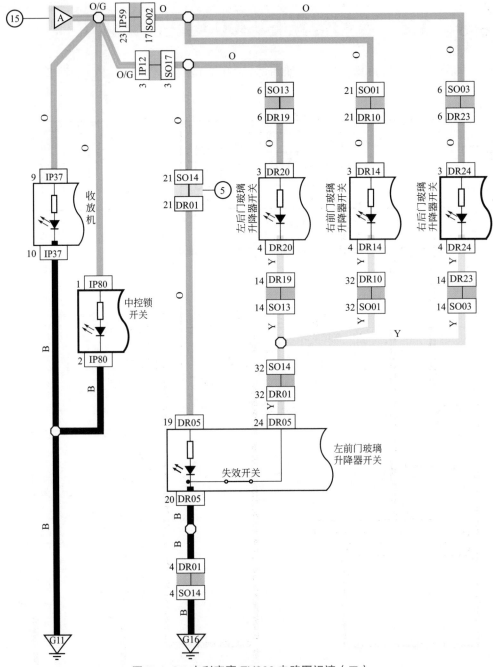

图 7-1-2　吉利帝豪 EV300 电路图识读（二）

（1）电路图中的编号解释

①系统名称。

② 线束插接器编号。线束插接器的编号规则以线束为基准，例如动力线束中的动力电池线束插接器编号为 EP41，其中 EP 为线束代码，41 为插接器序列号。

表 7-1-3 列出了各代码代表的线束。

表 7-1-3　各代码代表的线束

定义	线束名称
CA	前机舱线束
EP	动力线束、高压配电线束
IP	仪表线束
SO	底板线束、后背门线束
DR	门线束
RF	室内灯（顶棚）线束
C	室内熔丝继电器盒

① 门线束定义包括四个车门线束。

② 线束插接器编号详细参见线束布置图。

③ 部件名称。

④ 此电路连接的相关系统信息。

⑤ 插接件间连接用细实线表示，并用灰色阴影覆盖，用于与物理线束进行区别。物理线束用粗实线表示，颜色与实际导线颜色一致。

⑥ 导线颜色，颜色代码见表 7-1-4。

表 7-1-4　导线颜色代码

颜色代码	导线颜色	示例
B	黑色	
Gr	灰色	
Br	棕色	
L	蓝色	
G	绿色	
R	红色	
Y	黄色	
O	橙色	
W	白色	

续表

颜色代码	导线颜色	示例
V	紫色	▬
P	粉色	▬
Lg	浅绿色	▬
C	天蓝色	▬

如果导线为双色线，则第一个字母表示导线底色，第二个字母表示条纹色，中间用"/"分隔。例如：标注为 G/B 的导线即为绿色底黑色条纹。

⑦ 接插件的端子编号，注意相互插接的插接件端子编号顺序互为镜像，如图 7-1-3 所示。

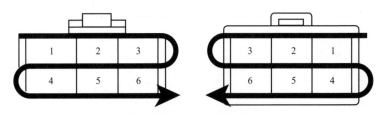

图 7-1-3　接插件的端子编号规则

⑧ 接地点编号，所有线束接地点以 G 开头的序列编号标识。接地点位置详细参见接地点布置图。

⑨ 供给于熔断器的电源类型。

⑩ 导线节点，如图 7-1-4 所示。

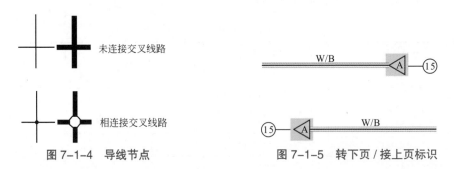

图 7-1-4　导线节点

图 7-1-5　转下页 / 接上页标识

⑪ 熔丝编号由熔丝代码和序列号组成，位于前机舱的熔丝代码为 EF，室内保熔丝代码为 IF，分线盒内的熔丝代码为 HF。熔丝编号详细参见熔丝列表。

⑫ 继电器编号用两个英文字母标识，详细参见继电器列表。

⑬ 如果一个系统内容较多，线路需要用多页表示时，线路起点用 ▬▶ 表示，

线路到达点则用 ■■■◀A 表示，如一张图中有一条以上的线路转入下页，则分别以 B、C 等字母表示，依此类推，如图 7-1-5 所示。

⑭ 端子名称。

另外，如果由于车型、配置不同而造成相关电路设计不同，在线路图中用虚线标出，并在线路旁添加说明，如图 7-1-6 所示。如果电路线与线之间使用 8 字形标识，表示此电路为双绞线，主要用于传感器的信号电路或数据通信电路，如图 7-1-7 所示。

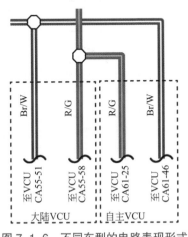

图 7-1-6　不同车型的电路表现形式

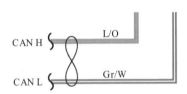

图 7-1-7　双绞线标识

（2）元器件符号

吉利帝豪 EV300 电路图中的元器件符号见表 7-1-5。

表 7-1-5　吉利帝豪 EV300 电路图中的元器件符号

⏚ ▽G7	接地		常闭继电器		蓄电池
	温度传感器		常开继电器		电容
	短接片		双掷继电器		点烟器

续表

符号	名称	符号	名称	符号	名称
	电磁阀		电阻		天线
	小负载熔丝		电位计		常开开关
	中负载熔丝		可变电阻器		常闭开关
	大负载熔丝		点火线圈		双掷开关
	加热器		爆震传感器		点火开关
	二极管		灯泡		双绞线
	电机		时钟弹簧		氧传感器
	光电二极管		电磁阀		起动机
	发光二极管		喇叭		安全带预紧器
	限位开关		未连接交叉线路		相连接交叉线路
	安全气囊				

电动汽车空调系统

电动汽车空调系统和传统燃油汽车空调系统工作原理相同，只是空调压缩机的驱动方式以及暖风产生方式有所不同。电动汽车采用高压电动空调压缩机，由动力电池驱动。暖风通常采用电加热方式，电加热方式有两种，一种是通过加热冷却液，再经过循环为暖水箱提供热量，另一种是直接加热经过蒸发箱的空气实现暖风。

（1）暖风和通风系统

电动汽车的暖风和通风系统与传统燃油汽车的基本相同。空气通过蒸发器或电加热模块形成的暖风根据驾驶员的需要送到指定出风口。暖风和通风系统部件如图 7-2-1 所示。

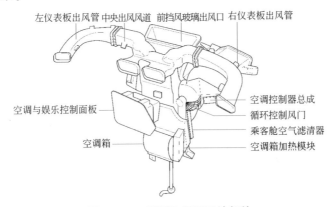

图 7-2-1　暖风和通风系统部件

新鲜空气从空调滤清器总成流入空调箱总成内，通过鼓风机使空气流过整个系统。根据控制面板上的设置，空气被加热并通过分配风道提供给仪表板、车门及地板上的出风口。

鼓风机安装在空调箱总成内，鼓风机由控制面板上的按键控制，通过位于前机舱熔丝盒内的鼓风机继电器及鼓风机调速电阻控制。鼓风机调速电阻安装在鼓风机出风口内，以利于鼓风机调速电阻散热。

电加热模块是高压电加热器和控制器，安装在空调箱总成内，用于向乘客舱提供暖风。

（2）空调制冷系统

空调制冷系统将车辆内部的热量传递到外部大气中，以提供除湿的凉爽空气给空调箱总成。该系统由电动空调压缩机、冷凝器、空调管路和蒸发器组成，如图 7-2-2 所示。系统是一个填充 R134a 制冷剂作为传热介质的封闭回路。制冷剂中添加空调润滑油，以润滑电动空调压缩机的内部组件。

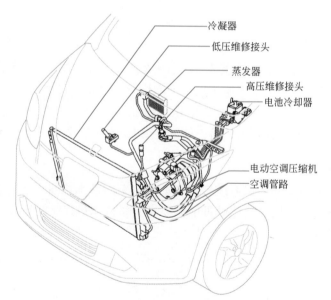

图 7-2-2　空调制冷系统组成

为完成热量的传递，制冷剂环绕系统循环，在系统内，制冷剂经历两种压力／温度模式。在每一种压力／温度模式下，制冷剂改变其状态，在改变状态的过程中，吸收与释放最大限度的热量。低压／低温模式从膨胀阀开始，经蒸发器到电动空调压缩机，在膨胀阀内，制冷剂降低压力及温度，然后在蒸发器内改变其状态，从中温液态到低温蒸气，以吸收经过蒸发器周围空气的热量。高压／高温模式从电动空调压缩机开始，经冷凝器到膨胀阀，制冷剂在通过电动空调压缩机时，增加压力及温度，然后在冷凝器内释放热量到大气中，并改变其状态，从高温蒸气到中高温液态。

（3）空调控制系统

空调控制系统有空调控制 ECU、空调压力传感器、蒸发器温度传感器、鼓风机控制模块、环境温度传感器、加热器温度传感器、车内温度传感器等组成，如图 7-2-3 所示，系统框图如图 7-2-4 所示。

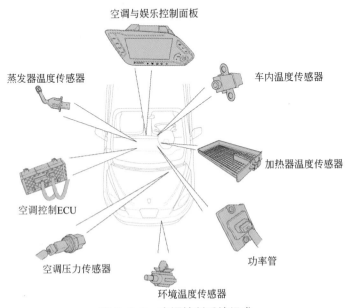

图 7-2-3　空调控制系统组成

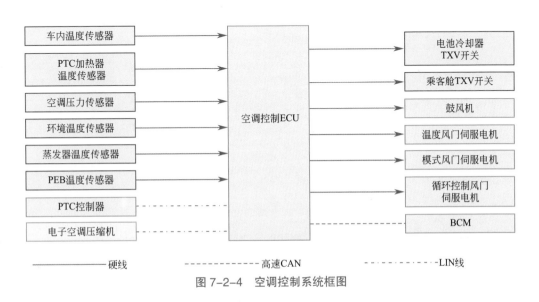

图 7-2-4　空调控制系统框图

　　空调控制 ECU 通过高速 CAN 网络与其他控制器相互通信，同时通过 LIN 线与电动空调压缩机进行通信。空调控制 ECU 与 BCM 通过 CAN 通信，以控制后风窗加热器，通过与网关模块通信连接诊断系统。空调控制 ECU 还接收来自前保险杠上的环境温度传感器的环境温度信息。

　　为了运行空调系统，空调控制 ECU 与电动空调压缩机通信，控制压缩机接通高压电运转。空调控制 ECU 还控制空调箱总成上的伺服电机、鼓风机速度、空气温度和空气分配。

电动汽车转向系统

7.3

现代汽车上配置的助力转向系统大致可以分为三类：机械式液压助力转向系统；电子液压助力转向系统；电动助力转向系统（EPS）。

广汽新能源 AG 汽车上采用电子液压助力转向系统，系统工作不受发动机有无或是否启动等因素的影响。

电子液压助力转向系统是在机械式液压助力转向系统的基础上增设电动转向泵和电子控制装置，取代发动机驱动的液力转向泵。

在高速行驶时，电子液压助力转向系统通过减小转向角度与行驶速度相关的转向助力，达到最大的节能效应。

电子液压助力转向系统在保持传统的机械式液压助力转向系统的优良性能的同时，还具备以下优点：更舒适，车辆在规定速度范围内行驶时，转向盘转动十分轻松；节约燃料，能量的输入量、消耗量与发动机的工作状态无关。

电子液压助力转向系统组成如图 7-3-1 所示。

电动助力转向系统（EPS）是一种直接依靠电机提供辅助转矩的动力转向系统，如图 7-3-2 所示。

根据电机布置位置不同，EPS 可分为转向柱助力式、齿轮助力式和齿条助力式三种。转向柱助力式 EPS 助力电机固定在转向柱一侧，通过减速机构与转向柱相连，直接驱动转向柱助力转向。吉利帝豪 EV300、荣威 E50 电动助力转向系统就是这种方式，如图 7-3-3 所示。

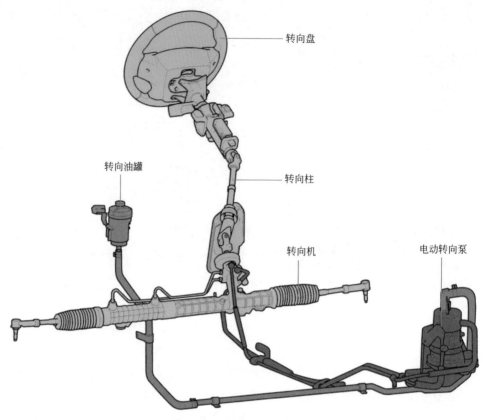

图 7-3-1　电子液压助力转向系统组成

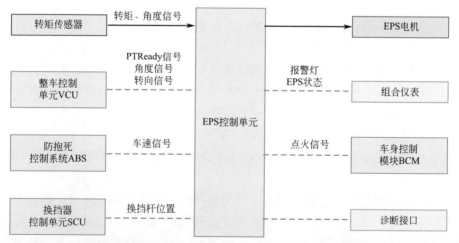

图 7-3-2　电动助力转向系统（EPS）控制系统组成

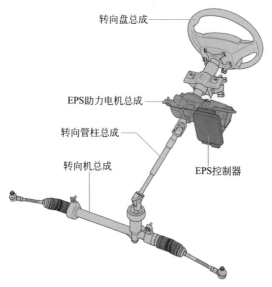

图 7-3-3　转向柱助力式 EPS

　　齿轮助力式 EPS 助力电机和减速机构与小齿轮相连，直接驱动齿轮助力转向。北汽 EV200 电动汽车采用这种方式，如图 7-3-4 所示。

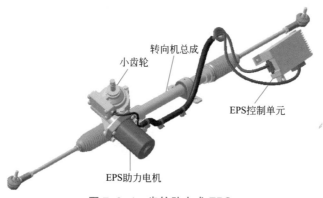

图 7-3-4　齿轮助力式 EPS

　　齿条助力式 EPS 助力电机和减速机构则直接驱动齿条提供助力，如图 7-3-5 所示。

　　不同类型的 EPS 基本原理是相同的：转矩传感器与转向轴（小齿轮轴）连接在一起，当转向轴转动时，转矩传感器开始工作，把输入轴和输出轴在扭杆作用下产生的相对转动变成电信号传给 ECU，ECU 根据车速传感器和转矩传感器的信号决定电机的旋转方向和助力电流的大小，从而完成实时控制助力转向。它可以很容易地实现在车速不同时提供电机不同的助力效果，保证汽车在低速行驶时轻便灵活，高速行驶时稳定可靠，因此 EPS 转向特性的设置具有较高的自由度。

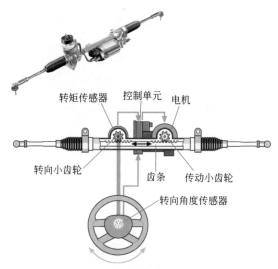

图 7-3-5　齿条助力式 EPS

　　电动助力转向系统主要由助力转向控制模块、助力转向电机、转矩传感器、助力转向减速机构和助力转向机总成等组成。各部件功能见表 7-3-1。

表 7-3-1　电动助力转向系统各部件功能

部件	描　　述
助力转向控制模块	根据转矩传感器信号和车速传感器信号进行逻辑分析与计算后,发出指令,控制电机动作。此外还有安全保护和自诊断功能,通过采集车速、转矩、转向角度等信号判断系统工作状况是否正常,一旦系统工作异常,助力将自动取消,并进行故障诊断分析
助力转向电机	根据助力转向控制模块的指令输出适宜的辅助转矩,是 EPS 的动力源。多采用无刷永磁式直流电机。电机对 EPS 的性能有很大影响,是 EPS 的关键部件之一,所以 EPS 对电机有很高要求,不仅要求低转速、大转矩、波动小、转动惯量小、尺寸小、重量轻,而且要求可靠性高、易控制
转矩传感器	集成在转向管柱内部,其功能是测量驾驶员作用在转向盘上的转矩大小与方向,以及转向盘转角的大小和方向,是 EPS 的控制信号。转矩测量系统比较复杂且成本较高,所以精确、可靠、低成本的转矩传感器是决定 EPS 能否占领市场的关键因素之一。目前采用较多的是在转向轴位置加一扭杆,通过测量扭杆的变形得到转矩。另外也有采用非接触式转矩传感器的
减速机构	与电机相连,起降速增矩作用。常采用蜗轮蜗杆机构,也有采用行星齿轮机构的。有的 EPS 还配用离合器,装在减速机构一侧,是为了保证 EPS 只在预先设定的车速行驶范围内起作用。当车速达到某一值时,离合器分离,电机停止工作,转向系统转为手动转向。另外,当电机发生故障时,离合器将自动分离
助力转向机总成	与传统燃油汽车转向机结构原理相同,是汽车转向系统的最终执行机构,这里不再详述

（1）电动真空助力系统

电动汽车制动系统和传统燃油汽车区别不大，最主要的区别是提供真空助力的形式不同。传统燃油汽车真空助力装置的真空源来自于发动机进气歧管，而电动汽车没有发动机或发动机不是在任何工况下都工作，即没有了真空源，于是电动汽车便单独设计了一个电动真空泵为真空助力器提供真空。电动汽车电动真空助力系统示意图如图 7-4-1 所示。

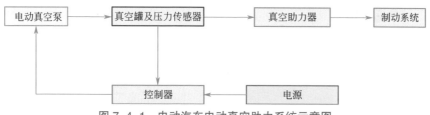

图 7-4-1　电动汽车电动真空助力系统示意图

真空泵主要作用是将真空罐内的空气抽出，使真空罐获得真空状态。真空罐用于储存真空，并通过真空传感器感知真空度并把信号发送给真空罐控制器。北汽 EV200 电动汽车真空罐和真空泵如图 7-4-2 所示。

电动真空助力系统的工作过程为：当驾驶员发动汽车时，12V 电源接通，电子控制系统模块开始自检，如果真空罐内的真空度小于设定值，真空压力传感器输出相应电压至控制器，此时控制器控制电动真空泵开始工作，当真空度达到设定值后，真空压力传感器输出相应电压至控制器，此时控制器控制真空泵停止工作，当真空罐内的真空度因制动消耗，真空度小于设定值时，电动真空泵再次开始工作，如此循环。

图7-4-2 真空泵和真空罐

（2）丰田THS-Ⅱ再生制动系统

丰田THS-Ⅱ电子制动系统具有能源再生功能，可将制动的动能转换为电能存储在高压电池中。丰田THS-Ⅱ电子制动系统取消了真空助力器。系统由制动输入、电源和液压控制部分组成，如图7-4-3所示。

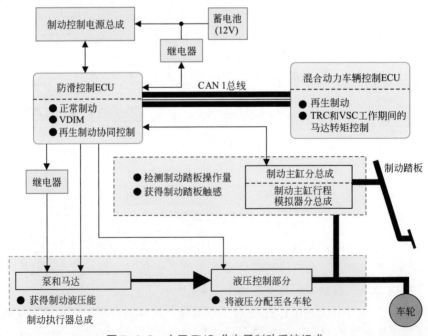

图7-4-3 丰田THS-Ⅱ电子制动系统组成

正常制动期间，制动主缸分总成产生的液压并不直接驱动轮缸，而是用作液压信号。实际控制压力是通过调节制动执行器总成的液压获得的。调节后的液压驱动轮缸。

电子制动系统根据传感器和 ECU 提供的信息对带 EBD 的 ABS、制动辅助、TRC 和 VSC 功能执行液压控制。

制动控制电源总成用作辅助电源，以向制动系统稳定供电。

再生制动协同控制并不是单独依靠液压制动系统为驾驶员提供所需制动力，而是与混合动力控制系统一起进行协同控制，通过再生制动和液压制动提供制动力。由于该控制通过将动能转换为电能来回收动能，因而将正常液压制动中动能的浪费降到最低。

再生制动由作为发电机（MG2）产生的对旋转的阻力实现。由发电产生的阻力与 MG2 转子的旋转方向相反，迫使其减速。产生的电流强度（蓄电池充电电流强度）越大，阻力就会越大，如图 7-4-4 所示。

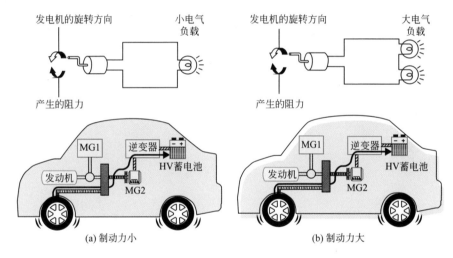

图 7-4-4　再生制动能量回收系统受制动力大小的影响关系

驱动轮的旋转运动驱动 MG2，使其作为发电机运转。因此，由发电产生的 MG2 的制动力传输至驱动轮。混合动力控制系统通过控制生成的电量对该制动力进行控制。

第 8 章

电动汽车综合故
障诊断与排除

Chapter 8

8.5　8.4　8.3　8.2　8.1

其他故障　驱动电机故障　MCU系统　动力电池系统　供电系统

8.1 供电系统

供电系统故障主要表现在点火开关故障、DC／DC充电故障、低压蓄电池电压故障等。

（1）点火开关故障

首先进行上电复位，如果不能清除故障，再检查线束是否短路或断路等，如果线束连接正常，更换点火开关，流程如图8-1-1所示。

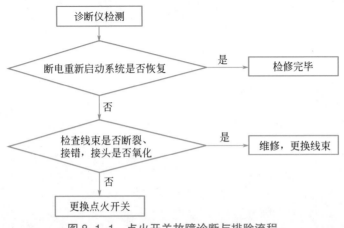

图8-1-1　点火开关故障诊断与排除流程

（2）DC／DC充电故障

DC／DC无低压充电电压输出，首先进行上电复位，如果不能清除故障，再按图8-1-2所示流程进行维修。

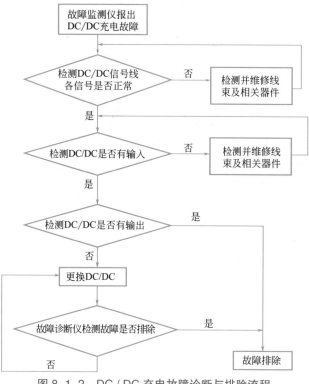

图 8-1-2　DC／DC 充电故障诊断与排除流程

（3）低压蓄电池电压故障

此故障可能是低压蓄电池馈电导致，充电，如仍不能解决问题则检查 DC／DC（参照 DC／DC 充电故障解决方法），仍正常则更换低压蓄电池本体，流程如图8-1-3所示。

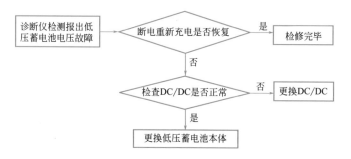

图 8-1-3　低压蓄电池电压故障诊断与排除流程

8.2

动力电池系统

（1）动力电池环路互锁故障

动力电池环路互锁故障诊断与排除流程如图 8-2-1 所示。

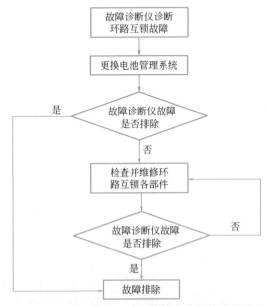

图 8-2-1　动力电池环路互锁故障诊断与排除流程

（2）动力电池漏电故障

动力电池漏电故障诊断与排除流程如图 8-2-2 所示。

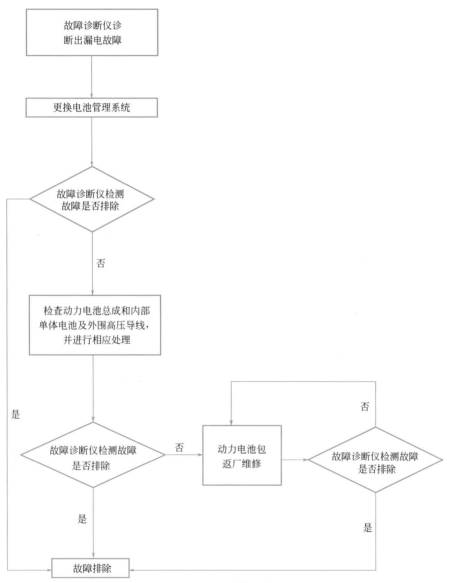

图 8-2-2　动力电池漏电故障诊断与排除流程

（3）动力电池系统故障

动力电池系统故障诊断与排除流程如图 8-2-3 所示。

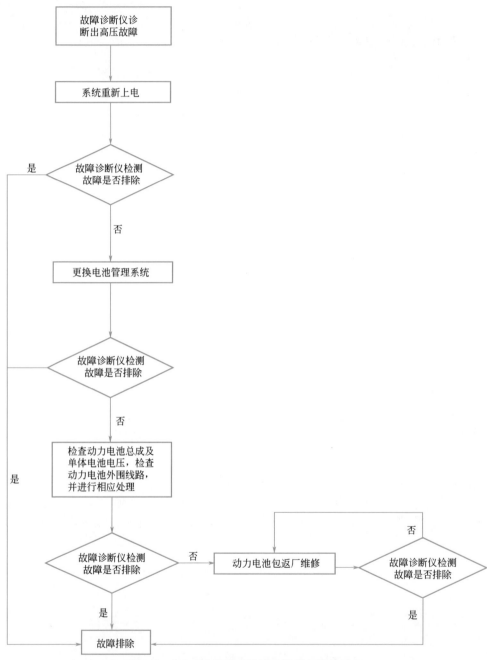

图 8-2-3 动力电池系统故障诊断与排除流程

（4）动力电池系统 CAN 通信失败故障

动力电池系统 CAN 通信失败故障诊断与排除流程如图 8-2-4 所示。

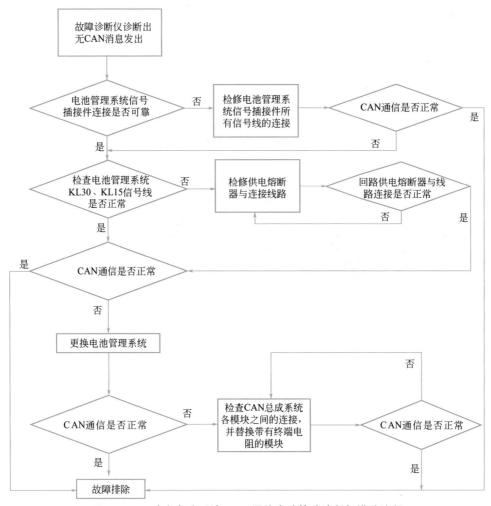

图 8-2-4　动力电池系统 CAN 通信失败故障诊断与排除流程

8.3 MCU 系统

（1）MCU 逆变器故障

首先使用整车钥匙上电复位 3 次，如果不能清除该故障，再更换电机控制器总成，具体流程如图 8-3-1 所示。

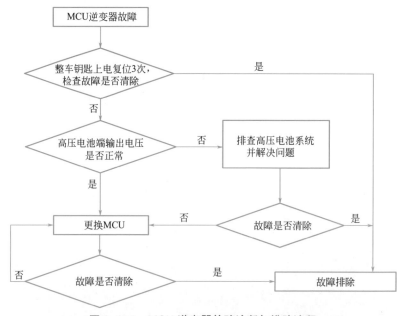

图 8-3-1　MCU 逆变器故障诊断与排除流程

（2）直流母线过压故障

首先使用整车钥匙上电复位 3 次，如果不能清除该故障，再排查高压电池端输出电压是否正常，如正常，更换电机控制器总成，具体流程如图 8-3-2 所示。

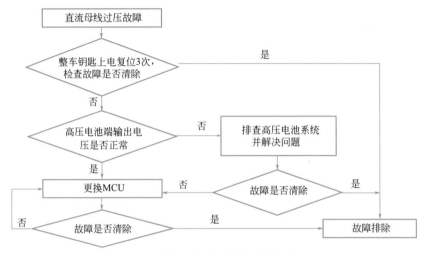

图 8-3-2　直流母线过压故障诊断与排除流程

（3）直流母线过流故障

首先使用整车钥匙上电复位 3 次，如果不能清除该故障，再断开电机控制器高压插接件看故障能否清除，如果不能清除故障，排查电机总成是否有短路情况，如有则更换电机，如无则更换电机控制器总成，具体流程如图 8-3-3 所示。

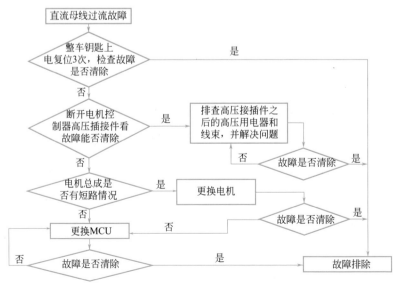

图 8-3-3　直流母线过流故障诊断与排除流程

（4）**MCU内部传感器供电电压故障**

首先使用整车钥匙上电复位 3 次，如果不能清除该故障，再更换电机控制器总成，具体流程如图 8-3-4 所示。

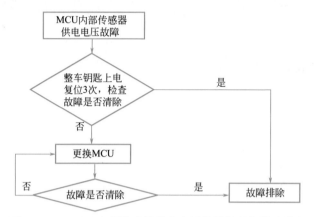

图 8-3-4　MCU 内部传感器供电电压故障诊断与排除流程

（5）**MCU控制器供电电压故障**

首先使用整车钥匙上电复位 3 次，如果不能清除该故障，可排查电机控制器低压信号插接件连接是否可靠，再检测该线束中的电源信号，如果排查后还不能清除故障，则更换电机控制器总成，具体流程如图 8-3-5 所示。

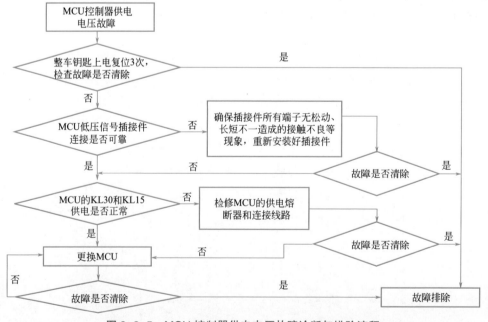

图 8-3-5　MCU 控制器供电电压故障诊断与排除流程

（6）MCU系统故障

该故障由电机的其他故障导致，排除其他电机故障后更换控制器，如图8-3-6所示。

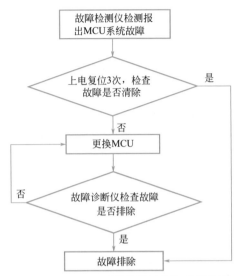

图8-3-6　MCU系统故障诊断与排除流程

（7）MCU模式故障

首先进行上电复位，如果不能清除该故障，再更换控制器，如图8-3-7所示。

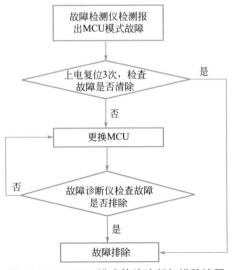

图8-3-7　MCU模式故障诊断与排除流程

（8）直流母线欠压故障

首先使用整车钥匙上电复位 3 次，如果不能清除该故障，再更换电机控制器总成，具体流程如 8-3-8 所示。

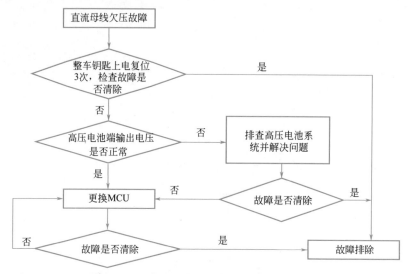

图 8-3-8　直流母线欠压故障诊断与排除流程

8.4 驱动电机故障

（1）挡位故障

首先进行上电复位，如果不能清除故障，再检查线束是否短路或者断路，如果线束连接正常，挡位开关可能有问题，更换挡位开关，流程如图 8-4-1 所示。

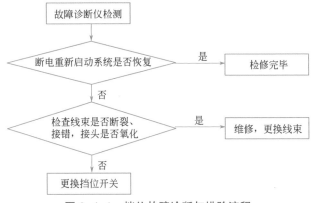

图 8-4-1　挡位故障诊断与排除流程

（2）加速踏板位置信号故障

首先进行上电复位，如果不能清除故障，再检查线束是否与地短接，如果不是则更换加速踏板，流程如图 8-4-2 所示。

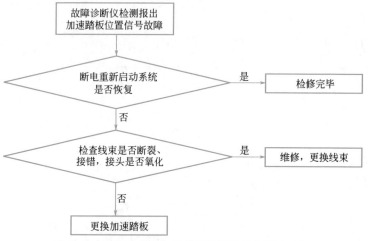

图 8-4-2　加速踏板位置信号故障诊断与排除流程

（3）外部传感器供电电压故障

首先进行上电复位，如果不能清除故障，再检查线束是否正常，如果正常则更换 VMS 控制器，流程如图 8-4-3 所示。

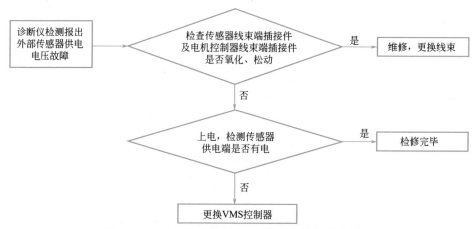

图 8-4-3　外部传感器供电电压故障诊断与排除流程

注意： 制动真空泵传感器或者加速踏板插接件与地短路都可以引起这种故障。

（4）电机系统CAN通信失败故障

首先使用整车钥匙上电复位 3 次，如果不能清除故障，可排查电机控制器低压信号插接件连接是否可靠，再检测该线束中的电源信号和 CAN 终端电阻有无问题，如果排查后还不能清除故障，则更换电机控制器总成，具体流程如图 8-4-4 所示。

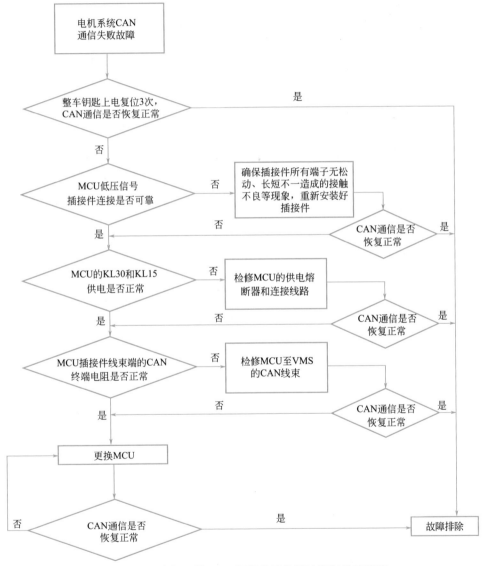

图 8-4-4　电机系统 CAN 通信失败故障诊断与排除流程

（5）电机位置传感器故障

首先使用整车钥匙上电复位 3 次，如果不能清除故障，可排查电机端信号插接件连接是否可靠，检测该线束中的旋变线束信号有无问题，有问题则更换电机，再排查电机控制器低压信号插接件连接是否可靠，检测该线束中的旋变线束信号有无问题，如果排查后还不能清除故障，则更换电机控制器总成，具体流程如图 8-4-5 所示。

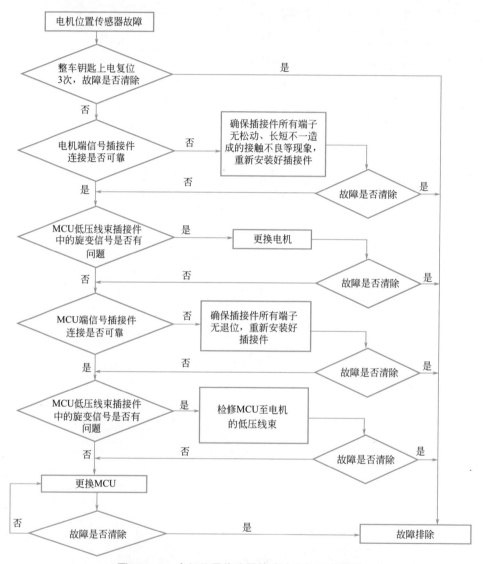

图 8-4-5　电机位置传感器故障诊断与排除流程

（6）相电流过流故障

首先使用整车钥匙上电复位 3 次，如果不能清除故障，再按图 8-4-6 所示流程进行故障诊断与排除。

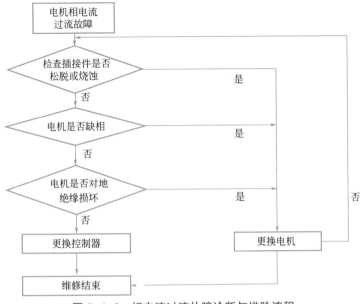

图 8-4-6　相电流过流故障诊断与排除流程

（7）电机超速故障

首先进行上电复位，可能电机负载断开，检查电机负载机械连接，若正常，再检查位置传感器线束是否正常，如果正常，则更换控制器，如果仍不能清除故障，则更换电机，流程如图 8-4-7 所示。

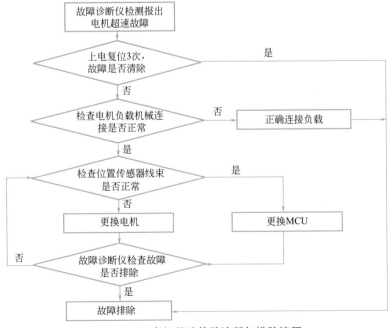

图 8-4-7　电机超速故障诊断与排除流程

（8）冷却水泵驱动故障

首先上电复位清除故障，若故障仍然存在，再对冷却水泵以及外围物理连接进行较为细致的排查，若仍然不能清除故障，则更换 VMS。

8.5 其他故障

（1）制动真空压力传感器故障

首先进行上电复位，如果不能清除故障，再检查线束是否正常，如果正常则更换制动真空压力传感器，流程如图 8-5-1 所示。

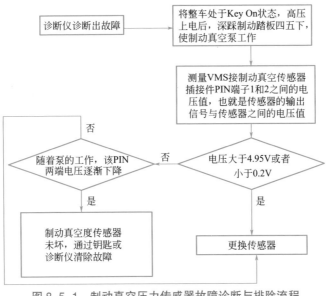

图 8-5-1　制动真空压力传感器故障诊断与排除流程

（2）制动开关故障

首先进行上电复位，如果不能清除故障，再检查线束是否正常，如果正常则更换制动开关，流程如图 8-5-2 所示。

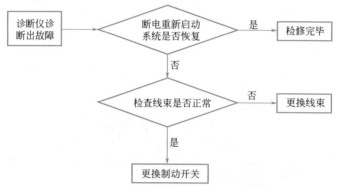

图 8-5-2　制动开关故障诊断与排除流程

（3）真空度传感器信号不合理故障

真空度传感器信号不合理故障诊断与排除流程如图 8-5-3 所示。

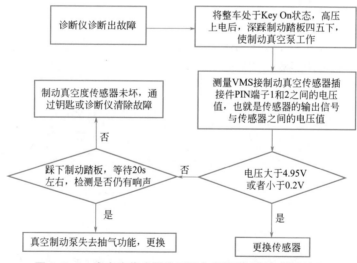

图 8-5-3　真空度传感器信号不合理故障诊断与排除流程

（4）车速信号错误故障

首先进行上电复位，如果不能清除故障，再检查线束是否正常，如果正常则更换电机控制器，流程如图 8-5-4 所示。

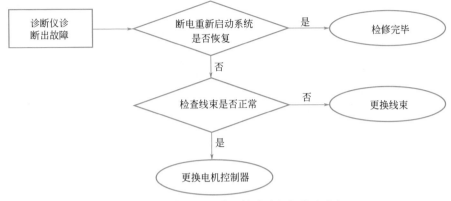

图 8-5-4　车速信号错误故障诊断与排除流程

（5）压缩机故障

首先，用万用表高压直流挡检查压缩机高压电源端的电压是否正常，确认是否因过压或欠压导致压缩机控制器保护；如果是，当电源恢复正常时，即可再次操作启动空调。

其次，检查压缩机控制器低压供电电源及开启空调后的空调请求信号（低电平有效）是否正常；如果不正常，检查线束各插接件或空调控制面板输出信号或蒸发温度传感器是否有故障，进行相应维修后即可。

最后，检测空调系统的压力是否正常，以判断是否因系统过载导致压缩机控制器过流保护或压缩机堵转；如果不正常，可能是空调系统有堵塞或前舱散热不良导致，需进一步检查确认，并维修相应部件。

非上述原因，则可能是电动压缩机本身的机械或电气故障，需更换压缩机。

（6）PTC 故障

首先，检查高压 PTC 继电器是否正常工作，如继电器卡滞或失效，更换继电器即可。

其次，检查空调面板控制信号和高压电源是否正常，以及线束各插接件是否正常；如果不正常，需进行维修或更换。

（7）蒸发温度传感器故障

首先，检查传感器本身是否出现断路、短路或 R - T 值不正常的现象；如果是，需进行更换。

其次，检查各连接线束或插接件是否正常，如不正常，进行相应维修即可。

（8）室外温度传感器故障

首先，检查传感器本身是否出现断路、短路或 R - T 值不正常的现象；如果是，需进行更换。

其次，检查各连接线束或插接件是否正常，如不正常，进行相应维修即可。

（9）ABS系统CAN通信接收失败故障

首先上电复位清除故障，若故障仍然存在，再确认ABS是否安装，没有安装则安装，如果确认ABS安装后仍有此故障，确认VMS与ABS之间CAN线物理连接是否正常，如不正常则检查线束和插接件。

（10）ABS状态监测失败故障

首先上电复位清除故障，若故障仍然存在，再确认ABS是否安装，没有安装则安装，如果确认ABS安装后仍有此故障，用ABS专用诊断仪检测ABS系统故障，若有故障，则参照ABS维修手册进行维修。

常见名词术语

附表1　常见国产电动汽车名词术语释义

英文缩写	中文解释	英文缩写	中文解释
ACM	辅助控制模块	BMS	电池管理系统
DC/DC	高压转换器	EVP	电子真空泵
GSM	电子换挡器	IPU	集成电机控制器
PCU	P挡锁控制单元	PDU	高压配电单元
PEB	电力电子箱	PMU	电池管理模块
PTC	空调暖风加热装置	TCU	减速器控制器
RBS	制动回馈系统	SOC	动力电池电量
VCU	整车控制器		

附表2　宝马电动汽车常见名词术语释义

英文缩写	中文解释	英文缩写	中文解释
MEM	电机电子装置（集成DC/DC、电机控制器、AC/DC等）	SME	蓄电池管理电子装置
CSC	电池监控电子装置	EKK	电动空调压缩机
EH	电气加热装置	TFE	混合压力加油电子控制单元
KLE	便捷充电装置（集成高压配电器、充电机等）	RTM	实时监控模块

附表3　汽车常用英文缩写

英文缩写	中文解释	英文缩写	中文解释
A/C	空调	ABS	防抱死制动系统
AC	空调系统	ACU	安全气囊控制模块
AT	自动变速器	ATF	自动变速器油
AV	影音娱乐系统	AVAS	车辆声学警示系统
BC	车身检查	BCS	车身控制系统
BCM	车身控制器	BD	车身结构
BR	制动系统	BRC	制动控制系统
CAN	控制器区域网络	CCS	定速巡航系统
CO	冷却系统	DI	驾驶员信息系统
DLC	故障诊断接口	EBD	电子制动力分配系统
ED	电路图	ESP	电子稳定性控制系统
EPB	电子驻车制动系统	ESPL	电子转向柱锁
EPS	电动助力转向系统	EI	外饰和内饰
FFS	前桥和后悬架	FL	左前玻璃升降防夹模块
FR	左后、前置后驱	GW	玻璃、车窗系统和后视镜
HVAC	空调控制模块	HECU	液压电子控制单元
IP（Cluster）/ICU	组合仪表	IHU	信息娱乐主机单元
LIN	串行通信系统	LH、RH	左、右
LT	照明系统	P/S	动力转向
PAID	倒车雷达模块	PEPS	无钥匙进入、无钥匙启动控制单元
PG	电源、接地、电路元件	PS	动力转向系统
TEM	远程监控	RL	右前玻璃升降防夹模块
RR	右后、后置后驱	RRS	后桥和后悬架
SAS	转向盘转角传感器	SB	座椅安全带
SC	启动和充电系统	SE	座椅

续表

英文缩写	中文解释	英文缩写	中文解释
SRS	辅助约束系统	SSB	一键启动开关
STC	转向控制系统	VSS	车速传感器
WP	水泵控制器	WT	车轮
WW	雨刮器、清洁器和喇叭